Eduard Meyer

Die Cottbusser Willkür

Erbrecht nach dem Statute der vormaligen Herrschaft Cottbus

Eduard Meyer

Die Cottbusser Willkür
Erbrecht nach dem Statute der vormaligen Herrschaft Cottbus

ISBN/EAN: 9783743425743

Hergestellt in Europa, USA, Kanada, Australien, Japan

Cover: Foto ©Suzi / pixelio.de

Manufactured and distributed by brebook publishing software (www.brebook.com)

Eduard Meyer

Die Cottbusser Willkür

Die
Cottbusser Willkühr.

Erbrecht

nach dem Statute der vormaligen Herrschaft Cottbus

von

Wilke,
Appellationsgerichts-Rath.

Cottbus.
Eduard Meyer.
1860.

Vorwort.

Das nachfolgende kleine Schriftchen will zunächst für den praktischen Gebrauch sich nützlich erweisen. Das darin behandelte seltsame alte Recht hat nun einmal in den Bezirken von sechs Kreisgerichten noch Gültigkeit, es ist darum die Kenntniß desselben für Viele von Werth. Andernseits ist es schwierig, für jeden Fall die Bestimmungen dieses Rechts aus den Quellen zu ermitteln, das hier und da in Druckschriften darüber Mitgetheilte lückenhaft, oft sogar unrichtig, und in Folge hiervon die Praxis bis zur Rechtsunsicherheit schwankend, und die Anwendung des Rechts bei jedem Gerichte eine andere. Der Verfasser, in Cottbus geboren, lange Jahre hindurch Mitglied des dortigen Gerichts, hat, unterstützt von seinen Collegen und durch hierüber in seiner Familie seit alter Zeit gesammelte Notizen, sich viel mit diesem Rechte beschäftigt, und hofft unter den vorgetragenen Umständen, daß seine Mittheilungen für den Bezirk von Nutzen sein werden. — Abgesehen hiervon mögen diese Mittheilungen von einem so abgeschlossenen, alterthümlichen Rechte — einer wahren Rechtsruine — auch einiges Interesse für die Wissenschaft haben. Endlich aber mag ich nicht verhehlen, daß ihr Hauptzweck der ist, zur Beseitigung und Aufhebung des alten Rechts zu führen, ja zu drängen. Das Schriftchen weist nach, wie unsicher und streitig fast alle Grundzüge und Hauptsätze dieses Rechts sind, und wie es gradezu unmöglich ist, bei vielen Punkten die Veränderungen urkundlich nachzuweisen, welche das Recht des Sachsenspiegels in diesem abgetrennten kleinen Bezirke im Laufe der Jahre erfahren hat. Wird nun weiter in Betracht gezogen, daß neben den Vorschriften des Statutar- und Provinzial-Rechts bei der im Bezirk fortdauernden Suspension der drei ersten Titel des zweiten Theils vom Landrecht, das gemeine Recht hier als das subsidiäre gilt, so ergiebt sich daraus eine Rechtsunsicherheit, gegen welche die Wissenschaft unmöglich Genügendes ausrichten kann. Die Stände des Kreises Cottbus haben sich nun zwar gegen die Aufhebung des alten Rechts erklärt, einmal, weil dessen System des Erbrechts allerdings viel Zweckmäßiges darbietet, und dann auch, weil ihnen die Schwierigkeiten und Dunkelheiten dieses Rechts nicht vollständig bekannt waren; diese werden aber dennoch dazu drängen, den Bezirk über kurz oder lang durch Einführung des Landrechts mit der ganzen Umgegend gleich zu stellen.

Es erübrigt nur noch, über den Plan des Werks noch einige Worte zu sagen. Die Eintheilung, wonach im ersten Theile die Rechtsvorschriften selbst, in Art eines Gesetzes redigirt, zusammengestellt und in der zweiten Abtheilung die Motive dafür vorgetragen worden, ist die gewöhnliche und zweckmäßige. Bedenken entstand dagegen darüber, ob nicht das gesammte Intestat-Erbrecht, wie es mit Inbegriff der gemeinrechtlichen Vorschriften im Bezirke gilt, hätte vorgetragen werden sollen. Hierdurch hätte jedoch einmal die Schrift einen nicht beabsichtigten Umfang erlangt, und bedarf es außerdem bei dem Vorhandensein des v. Kunow'schen Provinzialrechts der Neumark jener Vollständigkeit nicht, weil dessen gemeinrechtlicher Inhalt auch in Cottbus anwendbar ist. Der Verfasser hat deshalb vorgezogen, nur die Rechtsregeln zu redigiren und vorzutragen, welche im Gebiete des Intestat-Erbrechts dem Bezirke eigenthümlich sind, sowie diejenigen, welche ihm und der Mark gemeinschaftlich, aber als provinzielle Sonderheit, als Provinzialrecht zugehören.

Cottbus, den 26. Januar 1860.

Der Verfasser.

Abtheilung I.

Text
der statutarischen und provinzialrechtlichen Bestimmungen in Bezug auf Intestat-Erb-Recht in der Herrschaft Cottbus.

Das gesetzliche Erbrecht des überlebenden Ehegatten.

§. 1.

Dem überlebenden Ehegatten steht ein Erbrecht neben den Blutsverwandten zu, in Ermangelung aller Verwandten ist er alleiniger Erbe.

§. 2.

Das Erbrecht des Ehegatten ist dadurch bedingt, daß er sein eigenthümliches Vermögen einwirft.

§. 3.

Erklärt sich der überlebende Ehegatte hierzu bereit, so wird die Theilungsmasse gebildet aus dem beiderseitigen Aktiv- und Passiv-Vermögen — abzüglich einiger Gegenstände, welche den Ehegatten oder den Kindern vorweg zufallen, der sogen. praecipuorum. Es ergiebt sich hieraus, daß die Theilungsmasse die Schulden beider Theile auf sich nehmen muß, und daß die gegenseitigen Forderungen der Eheleute gar nicht in Rechnung gestellt werden. Die Verwendungen des Ehemannes in das Gut der

Frau werden bei der Berechnung der Theilungsmasse weder bei der Aufstellung seines Vermögens als Forderung, noch bei der des Nachlasses der Frau als Schuld berechnet, und eben so wenig die Illaten der Frau angesetzt, soweit sie nicht mehr in Natur — sei es baar, oder als bei Dritten ausstehendes Kapital oder als bewegliches oder unbewegliches Eigenthum vorhanden sind.

§. 4.

Die vorweg in Abzug kommenden Präcipua sind folgende:
1) Das Ehebett, welches dem überlebenden Ehegatten vorweg — und selbst dann zufällt, wenn er nicht erbt.
2) Die Kleider (die Leibwäsche eingeschlossen) des überlebenden Mannes, resp. die Kleider und der Schmuck der überlebenden Ehefrau, welche Beide nicht einwerfen.
3) Die Kleider des verstorbenen Mannes, welche vorweg an die erbenden Söhne — die Kleider und der Schmuck der verstorbenen Ehefrau, welche vorweg den erbenden Töchtern zufallen.

§. 5.

Von der so gebildeten Theilungsmasse fallen:
a) dem erbenden Ehemanne zwei Drittheile, den miterbenden Verwandten ein Drittheil,
b) der erbenden Wittwe ein Drittheil, den miterbenden Verwandten zwei Drittheile

zu. Etwanige Vermächtnisse und Schenkungen von Todeswegen werden aus dem Antheil der Verwandten entrichtet — so weit nämlich deren Pflichttheilsberechtigung sie überhaupt wirksam werden läßt.

§. 6.

Einzuwerfen ist das Vermögen des überlebenden Ehegatten, wie es zur Zeit des Todes war. Nicht eingeworfen werden solche Vermögenstheile, über welche dem Ueberlebenden nicht die freie Disposition zustand, oder die nicht an jeden Erben übergeben — Lehne, Lehnstämme, Fideikommisse — und solche, welche erst durch den Tod an den Ueberlebenden übergehen — Gnadenjahr, Lebensversicherungs-Kapitale, falls sie dem Ueberlebenden allein zustehen, und nicht zum Nachlaß gehören. Ein Conferiren dessen, was nicht mehr im Vermögen des überlebenden Ehegatten vorhanden ist, findet nicht statt, wenn er es auch in einer Weise erhalten hat, daß ein Kind conferiren müßte, falls es ihm gegeben wäre.

§. 7.

Die mit dem überlebenden Ehegatten erbenden Verwandten sind berechtigt, demselben das Einwerfen seines Vermögens zu verwehren, falls dieses Vermögen überschuldet ist. In diesem Falle verbleiben dem Ehegatten sein Vermögen und seine Schulden, die gegenseitigen Forderungen werden nicht aufgehoben und erhält er seine statutarische Portion ($\frac{1}{3}$ oder $\frac{2}{3}$) vom Nachlasse, wobei die Forderungen desselben an den erbenden Ehegatten oder dessen Forderungen an den Nachlaß ebenso zur Theilung kommen, wie andere Nachlaß-Aktiven oder Passiven.

§. 8.

Will der überlebende Ehegatte nicht erben, so behält er sein Vermögen mit Einschluß der Forderungen und Schulden an den Nachlaß. Aus dem letzteren erhält er nur das Ehebett, welches im streitigen Falle zu bestehen hat aus einem Oberbett, einem Unterbett, einem Pfühl, Ueberzug für jedes und ein Betttuch.

§. 9.

Die statutarische Erbportion des Ehegatten ist zugleich dessen Pflichttheil.

§. 10.

Gerade und Mußtheil werden nicht gegeben, Heergewett nur in Lehnsfällen.

Erbrecht der Verwandten.

§. 11.

Die Verwandten des Erblassers beerben ihn — neben dem überlebenden Ehegatten — nach dem Rechte der Sippe oder Parentel, und innerhalb der Sippe nach der Nähe des Grades. Letzteres jedoch mit den in den folgenden §§. bemerkten Ausnahmen.

§. 12.

In der ersten Reihe (Sippe) stehen die Deszendenten des Erblassers. Kinder erben nach Köpfen, weitere Deszendenten zugleich mit Kindern oder unter sich nach Stämmen, dergestalt, daß auf die Kinder eines verstorbenen Kindes dessen Antheil sich nach Köpfen vertheilt, und so fort auch bei Urenkeln, welche wieder den Antheil ihres Vaters oder ihrer Mutter theilen.

Bei Kindern aus zwei Ehen tritt keine Trennung des Nachlasses ein, wenn er gleich theilweis aus der ersten und theilweis aus der zweiten herrührt, vielmehr erben sie und beziehungsweise ihre Abkommen gleiche Kindestheile.

§. 13.

In zweiter Reihe oder Sippe kommen, bei fehlenden Nachkommen des Erblassers, dessen Aeltern und deren Abkommen zum Erbe, und zwar wegen der Grabesnähe zunächst die Aeltern — falls beide noch leben zu gleichen Theilen — leben die Aeltern nicht mehr, dann erben die Geschwister und mit ihnen — nach Stämmen — die Kinder vorverstorbener Geschwister. Kommen nur Kinder von Geschwistern zur Erbschaft, so erben sie sämmtlich nach Köpfen. Das Repräsentationsrecht kommt Enkeln und weitern Abkommen von Geschwistern nicht zu gut.

§. 14.

Beim Fehlen der Aeltern und ihrer Nachkommen sind in jedem Falle die Verwandten erbberechtigt, welche den nächsten Stammvater mit dem Erblasser gemein haben und unter ihnen die dem Grabe nächsten.

§. 15.

Der Grad wird berechnet nach der Anzahl der Geburten vom gemeinschaftlichen Stammvater bis zu dem das Erbe Ansprechenden. Halbbürtige Verwandte treten überall um einen Grad zurück. Dies ist jedoch nur so zu verstehen, daß bei gleicher Grabesnähe der durch halbe Geburt Verwandte dem nachsteht, welcher durch volle Geburt erbberechtigt ist, nicht aber so, daß der um einen Grad entferntere Vollbürtige dem nähern Halbbürtigen gleich stehe.

§. 16.

Als Pflichttheil erhalten Aszendenten stets $\frac{1}{3}$ der Intestaterbportion, Deszendenten bei 4 Kindern resp. Strängen oder weniger ⅓, bei 5 oder mehreren ½ ihrer Inteſtaterbportion. Bei Berechnung des Pflichttheils wird der überlebende Ehegatte der Zahl der Erben nicht zugerechnet, und kommt lediglich der Nachlaß — nicht das einzuwerfende Vermögen — nach Abzug der Schulden und etwanigen Illaten in Betracht. Ueberſteigt der Pflichttheil nach dieſer Berechnung die Inteſtaterbportion, ſo wird er auf deren Betrag reduzirt.

Erbrecht des Fiskus.

§. 17.

Der Fiskus nimmt Erbe nur bei erbloſen Verlaſſenſchaften, alſo nur in den Fällen, in welchen weder ein Ehegatte noch Verwandte vorhanden ſind, welchen nach §§. 1. u. 11. ein Erbrecht zuſteht.

Von Antretung der Erbſchaft.

§. 18.

In Cottbus gelten in dieſer Beziehung die Vorſchriften des neunten Titel erſten Theils des Allgemeinen Landrechts, namentlich auch §. 427. ibid. Nur dem überlebenden Ehegatten bleibt den Miterben (nicht den Gläubigern) gegenüber das Recht der Wahl — ob er nach dem Statut erben oder ſein Vermögen zurücknehmen wolle — vorbehalten, bis er ſich darüber erklärt, ſei es nun, daß die Erklärung ausdrücklich über die Wahl abgegeben werde, ſei es, daß ſie ſonſt die Abſicht des Erklärenden deutlich ausſpreche — wie der ausdrückliche Erbesantritt mit Entſagung der Rechtswohlthat oder ein Einmiſchen, das keinen Zweifel übrig läßt.

§. 19.

Verzögert jedoch der Ehegatte auf geſchehene Aufforderung Seitens der Miterben die Erklärung über die Wahl abzugeben, ſo ſteht dieſen das Recht zu, durch das Gericht dem Ehegatten einen peremtoriſchen Termin beſtimmen zu laſſen, nach deſſen Verſäumen er durch Erkenntniß ſeines Wahlrechts für verluſtig zu erklären ist. Die Folge dieses Verlustes ist die, daß der Ehegatte nach dem Statute erbt.

§. 20.

Dem überlebenden Ehegatten steht das Recht zu, auch bei einem wechselseitigen Testamente der Erbschaft aus diesem zu entsagen und die statutarische zu wählen. Andernseits kann ihm auch durch Testament die Einwerfung seines Vermögens erlassen werden und zwar so, daß dies ausdrücklich gesagt ist, oder so, daß es aus der Disposition klar erhellt.

Abtheilung II.

Rechtfertigung und Gründe
für die als Statutar- und Provinzial-Intestat-Erb-Recht aufgestellten Rechtsregeln.

I. Einleitung.

Während die übrigen Theile der Niederlausitz im Mittelalter in Zerrissenheit und vielfachem Wechsel bald unter der Hoheit von Böhmen, bald unter der von Meißen und Brandenburg standen, bald endlich in einzelnen Stücken diesem oder jenem Herrn angehörten, hatte sich in der Mitte des Landes ein Dynastengeschlecht — das der Herren von Cottbus — seit dem 12. Jahrhundert im Besitz einer gewissen Landeshoheit erhalten — der Sachsenspiegel bezeichnet sie als fränkisches Geschlecht. Ihre Herrschaft bestand aus der Stadt und einem unmittelbaren herrschaftlichen Bezirk, sowie aus einer bedeutenden Anzahl von Lehngütern, welche zum Theil, abgesondert von der Hauptmasse der Herrschaft, in fremden Territorien lagen, während einzelne Dörfer, innerhalb jener Hauptmasse gelegen, weder zu dem unmittelbaren Dominio der Herren von Cottbus gehörten, noch ihnen als Lehne sich angeschlossen hatten. In dieser Beschaffenheit ging die Herrschaft durch Verkauf Seitens der beiden letzten Herren (Reinhard und Luther) von Cottbus — Beide antheilige Eigenthümer der Herrschaft 1445 und 1455 — an Brandenburg über, bei dem sie bis zum Frieden von Tilsit verblieb*). Alle umliegenden Territorien, sowie die nicht zur Herrschaft gehörenden, aber von ihr eingeschlossenen Dörfer, waren inzwischen an Kursachsen gelangt. In dieser Weise ist es gekommen, daß jene Herrschaft — später die Amtshauptmannschaft, zuletzt als der Kreis Cottbus bezeichnet — eine preußische, speziell neumärkische in Sachsen belegene Enklave blieb, in der wieder einzelne Dörfer und Dorftheile sächsisch waren, während eine große Anzahl dazu gehörender preußischer Dörfer und Antheile von Dörfern rings zerstreut und oft ziemlich weit entfernt in Sachsen lagen. Nach den Freiheitskriegen wurde natürlich der Kreis anders formirt und abgerundet, in vielfacher Beziehung verblieb aber der alte Verband ungestört und in voller Kraft, so daß er die historisch merkwürdige Erscheinung darbietet einer mittelalterlichen — und noch dazu nicht einmal reichsunmittelbaren — Herrschaft, welche in ihrem ganzen Umfange und mit besondern Pflichten, Rechten und Eigenschaften sich bis auf den heutigen Tag erkennbar erhalten hat, und bis heut in vielfacher Beziehung zur Neumark gehört, während alles sie umschließende Land im niederlausitzer Ständeverbande sich befindet.

Ganz besonders merkwürdig und auffallend ist nun aber, daß dieser alte Cottbusser Kreis sich auch eines besondern Statutar- und Provinzial-Rechts — erfreut (?) und zwar in völliger Absonderung auch von der Neumark. Dies ist nun aber so gekommen: Johann, Herr zu Cottbus, errichtete — nach der guten Sitte jener Zeit unter Zuziehung „unserer lieben getreuen beiden Mannen, des Landes und der Bürger Rathmannen" im Jahre 1409 ein Statut, das unter dem Namen: „Cottbusser Willkühr" noch gegenwärtig gültig ist. Dasselbe findet sich in verschiedenen Schriften abgedruckt**), wir geben den Text im Anhange sub 1. nach einer im Besitz des Verfassers befindlichen alten Abschrift,

---

*) Worb's Geschichte von Cottbus im Niederlausitzschen Magazin Band I. Görlitz 1822. — Der Kaufvertrag in Gerken, Cod. diplom. S. 672.

**) C. C. March, P. 6. Sect. I. Nr. 3. — Hoffmann-Step, Diss. Notae ad Proœmium. — Eisenberg und Steugel V. S. 4.

der einzigen bekannten, die einigermaßen beglaubigt ist*). Die Stelle hinter „in die Theilung komme gleich anderm Gut", ist verstümmelt, unverständlich, aber offenbar durchaus unerheblich — auch alle Abbrücke geben sie eben so unvollständig wieder.

Wie sich nun aus dieser Willkühr das Statutar- und Provinzialrecht entwickelt und erhalten hat, das zu zeigen ist unser Zweck, bei dem wir jedoch auf den weit aus wichtigsten Theil, das Intestaterbrecht, uns beschränken, weil in allen übrigen Rechtsmaterien kaum noch eine Spur des alten Rechts sich als gegenwärtig geltend auffinden und nachweisen läßt.

Wir senden dieser Untersuchung noch einige Bemerkungen voraus. Bevor die Herrschaft Cottbus an die Mark gelangte, hatte die letztere durch die Joachimische Constitution von 1527 — die sogenannte Joachimica — bereits ein bis auf den heutigen Tag gültiges Grundgesetz für das Intestaterbrecht erhalten. Dies Gesetz erhielt für Cottbus nie Gültigkeit. In dem unsern Bezirk umgränzenden Sachsen schafften die Constitutiones Electorales Saxonicae fortlaufend eine Abänderung des alten Sachsenrechtes, an der natürlich Cottbus keinen Antheil nahm. So ist es denn gekommen, daß das Provinzialrecht dieses kleinen, kaum 20 Quadratmeilen großen Ländchens fast ganz auf dem Standpunkte von 1409 stehen geblieben ist, und daß noch heut der Sachsenspiegel, das Weichbild und die Schöffensprüche von Magdeburg und Leipzig hier unmittelbare Rechtsquellen und direkte Vorschriften und Normen für die Entscheidung von Rechtsstreiten sind. Selbstverständlich erfuhr dies von aller Verbindung abgetrennte Rechtssystem durch die Praxis eine geringe Fortbildung, während die Wissenschaft dasselbe eigentlich ganz übersah und vergaß. So lange nun in Cottbus eine Amtshauptmannschaft bestand, erhielt sich die Kunde des alten Rechts noch immer, später aber verlor sich fast jede Kenntniß davon, wenigstens jede genauere und bewußte. Die märkischen Juristen, welche genöthigt waren, das cottbüsser Recht in der Praxis vielfach anzuerkennen, kamen end-

---

*) Bürgerliche Polizei-Ordnung im Cottbusser Weichbilde von Anno 1540, geschrieben 1636 von Kabtmann, Churf. Zeugwart und Stadtschreiber in der Veste Peitz, und 1644 vom Kreishauptmann beglaubigt.

lich barauf, daſſelbe als eine Abart und Abweichung von dem
märkiſchen Rechte anzuſehen, und es wurden dieſe vermeintlichen
Abweichungen der cottbuſſer Erbfolge von der in der Neumark
ſtatthabenden in Stengel V. zuſammengeſtellt. An ſich iſt es nun
immer eine bedenkliche Sache, ein Rechtsſyſtem in der Art dar-
ſtellen zu wollen, daß man nur deſſen Abweichungen von einem
andern, obwohl verwandten, aufführt, im vorliegenden Falle tritt
aber hinzu, daß dieſe Abweichungen völlig kritiklos, unvollſtändig,
ja theilweis unrichtig nach vorgefundenen ungeprüften und un-
richtigen Nachrichten und Notizen zuſammengeſtellt ſind. Ein-
bringender verfuhr v. Kunow in ſeinem märkiſchen Provinzialrechte,
doch kam auch er nicht dazu, mit Klarheit und Conſequenz das
cottbuſſer vom märkiſchen Rechte zu trennen. Der Prozeß Ge-
ſchwiſter Kittel wider Hartſtein und Conſorten, aus dem wir im
Anhange das Urtel dritter Inſtanz mittheilen, trieb zuerſt wieder
zu einer ernſten Ermittlung jenes alten Rechts, das ſeitdem mit
mehr Aufmerkſamkeit geprüft und feſtgeſtellt wurde. Wie ſchwie-
rig es iſt, hier Sicheres zu ermitteln, ergiebt ſchon das bisher
Angegebene, und es werden die nachfolgenden Unterſuchungen dies
beſtätigen, damit aber zugleich für ihre eigene Unvollkommenheit
Entſchuldigung finden.

Unſer Statut enthält neben einigen poſitiven Vorſchriften die
Beſtimmung: „Haben uns gegeben zu Sachſenrecht, nemblich
führen wir und geben uns zu Magdeburgiſchen Rechte." Hiermit iſt das alte Sachſenrecht als Grundſtock unſeres Provinzial-
rechtes recipirt, und wird es ſonach darauf ankommen, zunächſt
im Allgemeinen nachzuweiſen, daß es dieſe Stelle noch jetzt gültig
einnimmt, und dann zu unterſuchen, in wieweit daſſelbe durch das
Statut, durch den Rechtsgebrauch und das märkiſche Provinzial-
recht abgeändert worden iſt. — Die größern und wichtigern Ab-
änderungen, welche das alte Recht durch das römiſche, gemeine
und das Allgemeine Landrecht, ſowie die ſpätere moderne Geſetz-
gebung erfahren hat, entfallen jenſeits der Gränze des Provinzial-
rechts, ſie kommen ſomit hier nur darum zur Sprache, um die
Gränzen des Provinzialrechts feſtzuſtellen.

Daß in der Herrſchaft Cottbus in Erbfällen ſächſiſches, alſo
nicht märkiſches Recht Anwendung findet, ergiebt:

a. Die Gesetzgebung.

Zuerst findet sich in der schon angeführten Polizei-Ordnung eine vom Kurfürst Joachim und seinem Bruder Albert nach Cottbus erlassene Confirmation vom Tage Apollonis nach Christi Geburt 1501, worin ausdrücklich gesagt wird: „Also nach besage etwa des edlen Hauses Herrn zu Cottbus briefe über die Willkühr mit allen andern Artikeln, in demselben Briefe ausgedrückt, wollen wir, daß solche Willkür von den unsern auf dem Lande der Herrschaft Cottbus und allen einwohnern der Stadt daselbst hinfüro also unverbrüchlich soll gehalten werden." Der Landtags-Rezeß Markgraf Johanns d. d. Cüstrin Freitag nach aller Heiligen 1539 bestimmt*): „Und die wehl hier vormals die Stände der Landschaft in unseres lieben Herrn und Bruders und unsern Kur- und Fürstenthumben sich ehnträchtiglich vereinigt, daß hinfüro in unsern Fürstenthumben und Landen Keyser Recht gehalten und gesprochen werden soll. Derowegen sich auch unsere prelaten, Herrn, Mannen und Stete aller gebräuche voriger Gerichte und Rechte verziegen und abgesagt, ordnen und wollen wir, daß hynfüro in erbtheilungen kein Hergewet, grade und Mußtheil soll genommen werden, besondern in denen und andern allen keyserrecht dergestalt, wie hier vor in unserer aufgerichteten Constitution und Ordnung der Erbfälle geordnet durch Jedermann soll gehalten werden, doch ausgenommen die Weychbilder Cottbus, Crossen, Sommerfeld und Zülch, die sich des Sachsenrechts, ane die beiden Artikel, die Succession und Erbfälle belangend, zu gebrauchen vorbehalten haben." Dasselbe Anerkenntniß „daß in Cottbus das alte Sachsenrecht nach wie vor geltend bleibe," wiederholen:

der Neumärkische Landtags-Abschied vom 11. Juni 1611 §. 11**),
die Neumärkische Kammergerichts-Ordnung vom 11. December 1700***),
die Lehnskonstitution für die Neumark, Sternberg und inforporirten Kreise vom 14. August 1724 §§. 29. 42. 72. u. 104.

---

*) C. C. March, Thl. VII. S. 55. Nr. XXI.
**) C. C. March, Thl. VI. I. S. 215.
***) C. C. March, Thl. II. Nr. XCIV.

Endlich hat die Verordnung vom 27. Juli 1832*) die in einigen Kreisen des Frankfurter Regierungsbezirks noch bestehende Geschlechts-Vormundschaft aufgehoben und damit das Fortbestehen des sächsischen Rechts in diesen Kreisen anerkannt, da jene Vormundschaft eben ein Institut des sächsischen, nicht des märkischen Rechts war**).

b. Die Doktrin.

Scheplitz Consuetudines Marchicae erwähnt dieser Ausnahme Titel I. pars II. Tit. 1. S. 59.

Die bekannte Hoffmann-Steyersche Dissertation hat sich über diesen Gegenstand ausführlich ausgelassen.

Notae ad Procemium No. 5. Q. 2.

Weichbildum Cottbusiense jus Saxonicum jam ab anno 1407 profitetur. Duravit juris Saxonici usus in urbe et ditione Cottbusiensi etiam, ex quo dominio Ser. Domus Brandenburgicae jure perpetuo adjectae fuerunt. De observantia autem juris Saxonici in his terris continuata, publica prostant testimonia des Hofgerichts zu Cottbus d. 1. August 1588 et Capitani Cottbusiensis F. de Birkholz d. 10. November 1558, s. unten. De Weichbildis Crosna, Zullichau et Sommerfeld***) adeundus est. Rec. Prov. Custrini de 1539 qui clarissime docet, his terris usum juris Saxonici communis permissum fuisse, exceptis duobus articulis die Succession und Erbfälle betreffend. Repetita haec sunt in diplomate speciali, quo idem Ser. Marchio Crosnensibus usum juris Saxonici 1551 confirmavit. Und soll vermöge derselben Urtheil, die auch nach Sachsenrecht durch die Schöppen zu Leipzig sollen gesprochen werden, ohne Verzug mannigich gleich Gericht und Recht gehalten, doch ausgenommen die zwei Fälle der Succession Kindeskind und Schwester- und Bruder-Kind belangende, in denen soll es bleiben bei Röm. Kaiserl. Majestät gesetzter Constitution und Ordnung, wie die durch weyland unsern seel. Herrn

---

*) Gesetz-Sammlung 1832, S. 205.
**) v. Kunow, Recht der Neumark.
***) Cottbus fehlt hier offenbar nur aus einem Versehen.

umb Vetter gemeiner Landschaft der Mark zu Brandenburg und zugehörigen Landen publizirt worden. Imo ex his lucem accipiunt, quae in Recessu Neomarchico*) de duobus articulis sive casibus exceptis memorantur. Cum enim alias obscurum esse videatur, quinam casus hic intelligi debeant, inclinantibus non paucis in eam opinionem, ac si haec exceptio generaliter de praesenti constitutione, quae de successione et casibus haereditariis agit**), accipienda esset aliam Recessus allegati esse sententiam, privilegium Crosnense evincit, quod specialius duos illos casus exprimit, nempe versari casus illos circa successionem 1. der Kindeskinder, 2. der Schwester- und Brudernkind aperte declarat. In his vero casibus observari jubet constitutiones in comitiis communi statuum suffragio factus, quae in der Kammer Ger. Ord. de 1500. tit. 18. in Rec. Wormatiensi de 1521 §. 17. 18. 19. et Rec. Spir. de 1529 §. 31. reperiuntur.

Sed jam nova nascitur quaestio, quodnam sit jus illud Saxonicum, cujus observantiam Marchio Johannes confirmavit, omni certe dubio caret, intelligi jus Saxonicum commune ab Electorali omnino distinguendum. Vid. Kurmärkische Kammer Ger. Ordnung Cap. 33. So muß auch das gedachte Reservation von dem damals schon in gedachten Creisern üblichen alten Sachsen Recht verstanden, keineswegs auf die folgenden Constitutiones Electorales Saxonicae oder andere in terris Saxonicis übliche Rechte und Gewohnheiten extendirt werden***).

In Betreff der beiden Vorschriften des Kaiserlichen Rechts, welche auch in den Kreisen eingeführt sein sollen, welchen das Sachsenrecht vorbehalten blieb, ist nach Anleitung obiger Ausführung von Hoffmann Steher, so wie der im Erkenntniß Kittel wider Hartstein, mitzutheilen, daß sie lediglich das Repräsentationsrecht von Kindes-Kind und Bruder-Kind betreffen. Im Sachsenrecht ist eine derartige Repräsentation nicht bekannt, die Reichskammergerichts-Ordnung von 1500 führte sie zunächst für

---

*) Von 1539.
**) Joachimica.
***) Stryck, de succ. ab intest. Diss. III. Cap. 3. 16.

Enkel, der Reichstags-Abschied von 1521 (Worms) für die Kinder von Geschwistern in Konkurrenz mit Geschwistern ein. Endlich erfolgte auf dem Reichstage von Speyer der Beschluß vom 23. April 1529, durch den festgestellt wurde, daß die Kinder von Geschwistern, wenn sie allein — nicht mit Geschwistern — erben, nach Kopfzahl theilen sollen. Die hierauf erlassene Kaiserliche Constitution vom 23. April 1529 hat Churfürst Joachim — ausdrücklich zur Abänderung der Joachimika Tit. 7. — unterm 15. Juni desselben Jahres publizirt*).

c. Die Rechtsübung.

Rechtsgutachten von 1588 (oben von Steyer erwähnt):

„Demnach die Churf. Räthe zu Cüstrin mir Paul von Beyern aufgelegt, daß ich den Edlen ꝛc. Abraham, George und Christoph von Zabeltitz zu Peizendorf, Laaso und Ogroß Amtshalber Kundschaft gebe, wie es in Erb- und Lehnsfällen im Amte Cottbus gehalten. Darauf bekenne ich und ist an dem, daß man sich im Cottbusschen Weichbilde, vermöge Wehland des Herrn von Cottbus mit Wissen und Willen der Ritterschaft und Stadt aufgerichteten Constitution, zu Sachsenrecht begeben, und dasselbe also in dieser Herrschaft nachmals gebrauchet, wie sich denn die Herrn Räthe in andern Fällen, darin ich mich ihres Spruchs erlernet, vermöge ihres Schreibens gegen mir erkläret, daß es anhero im Amte Cottbus also gehalten worden.

Ebenso: Nachdem die Edlen — eine Rekognition und Kundschaft, was dieses Amtes Verwandte und Untergesessene in Lehn- und Erbfällen sich vor Rechts gebrauchen und erheben, nachgesucht — Als urkunde und bekenne ich, Friedrich von Birkholz, Hauptmann zu Cottbus, daß diese Herrschaft zu Sachsenrecht, beides in Lehn und Erbfällen, gewidmet, auch in andern Fällen sich keines andern Rechts, benn Sachsen Rechts gebraucht, wie dieß also auch in steter Uebung gehalten wird, und jüngst dieß Jahr nach Absterben Nikol von Burschwitzens zu Gulben**), des-

---

*) Schöplitz, Seite 561 (in Supplementis).
**) Wie der Hauptmann dazu kommt, ein Beispiel aus Gulben — einem sächsischen Dorfe — zu entnehmen, ist nicht zu ersehen.

gleichen Heinrich von Packhes zu Papitz und Eicho ꝛc. entschieden worden. 10. November 1588.

Ferner enthält das beim Kreisgericht zu Cottbus verwahrte Protokollbuch des Amtshauptmann Entscheidungen im gleichen Sinn. „Vom 22. März 1656. In puncto geforderter Grabe, Morgengabe und Mußtheils Rittmeisters Wolf Georg von Werbecks auf Schorbus hinterlassene Wittiben Marien geb. Osterhausen, Klägerinn, wider Hans Sigismund von Köfritz auf Rakow in tragender Vormundschaft der Werbekschen Lehnerben, Beklagten, anderntheils, ist von dem Kurf. Rath und Hauptmann folgender Bescheid publizirt worden: Wenngleich ꝛc. so würde der Klägerinn doch, auch ohne Ehestiftung, ihre weiblichen Gerechtigkeiten, so ihr ex bonis defuncti mariti nach dem Sachsenrechte zuständig, nicht genommen werden können. Daher Beklagter schuldig ꝛc."

Am 12. December 1656 wird zwischen denselben Parteien von dem Amtshauptmann ein Vergleich aufgenommen, dem vorangeschickt wird: „Und ist es aus denen alten Landes Archiven und aus der bisherigen continuirlichen Observanz befunden worden, daß in diesem Weichbilde allewegen Sachsenrechte gehalten worden. Die Theilung erfolgt demnächst mit dem Zusatze: „Wie es die sächsischen Rechte beschrieben."

Vom 1. Mai 1655 findet sich ein Appellations-Erkenntniß vor: „Uf eingewendete Appellation Martin Gommola zu Sandow wider Hans Reitwicken daselbst, betreffend eine Erbschaftssache, ist von dem Kurf. Rath und Hauptmann die Sache am 1. Mai 1655 gehöret und der vom Kasten-Amte ertheilte Abschied dahin erkläret und geändert worden, daß die Erbfälle nicht nach Sachsenrecht zu sprechen, sondern in diesem Falle Appellanten als der verstorbenen Reitwick Schwesterkinder jure repraesentationis nach den Brandenburgischen Constitutionibus und Recessis mit derselben Schwester instirpes zu gleichen Theilen erbe zu nehmen befugt." Es erhellt deutlich, daß auch hier die Gültigkeit des Sachsenrechts anerkannt wird, jedoch mit der vorerwähnten Ausnahme, für Kinder von Geschwistern, welche nach den in der Mark publizirten Reichsgesetzen eingetreten war.

Endlich hat für die neueste Zeit die Gültigkeit des alten

Sachsenrechts das mitgetheilte Urtel in Sachen Kittel wider Hartstein außer alle Zweifel gestellt.

Wir sind sonach berechtigt, den Zustand des kottbusser Provinzial-Rechts im Allgemeinen dahin zusammenzufassen, daß:

Das alte Sachsenrecht, namentlich aber das Magdeburger Recht, noch immer dessen Grundlage und Hauptquelle bildet, daß für das Intestat-Erbrecht die entscheidende Rechtsquelle des märkischen Rechts, die Constitutio Joachimica hier keine Anwendung findet, und daß überhaupt als Folge der wiederholt gesetzlich anerkannten Conservation des Sachsenrechts auch spätere märkische Provinzial-Gesetze hier nur dann gelten, wenn dies ausdrücklich bestimmt worden ist, oder ihr Inhalt dasselbe unzweifelhaft ergiebt.

Es erübrigt nun noch, die territorialen Gränzen dieses Rechts festzustellen, oder, was dasselbe ist, jene der Herrschaft Cottbus zur Zeit ihres Ueberganges an Brandenburg. Bei der bis 1807 fortwährenden isolirten Lage hält dies an den meisten Stellen nicht schwer. Es gehören nun aber zur Herrschaft Cottbus:

I. Der gegenwärtige Kreis Cottbus mit Ausschluß von:
a) **Stadt und Vorstädte Peitz.** Schloß und Stadt Peitz gehörten nicht zur Herrschaft Cottbus, obwohl sie ebenfalls im Jahre 1445 von Friedrich von Brandenburg verkauft wurden. Eine Herrschaft Peitz hat nicht existirt, und es ist daher ganz in der Ordnung, daß nur in der Stadt Peitz und ihren Vorstädten, nicht aber in den umliegenden Dörfern märkisches Recht gilt. Kunow in seinem märkischen Provinzialrecht hat dies nicht beachtet oder gewußt, und weiß sich daher nicht zu erklären, warum gerade nur die Stadt, nicht auch die Dörfer vom cottbusser Recht ausgeschlossen sind;
b) folgender altsächsischen, dem Kreise nach der neuern Eintheilung zugelegter Dörfer: Gulben, Klein-Gaglow, Oelsnig, Limberg, Antheil von Groß-Gaglow und 3 sächsischen Bauern in Werben.

II. Nachfolgende altcottbusser Dörfer:
a) Im Kreise Guben: Germersdorf, Antheil Kerkwitz, Antheil Groß-Briesen;
b) im Kreise Sorau: Gahry-Antheil;
c) im Kreise Calau: Laasow, Ranzow, Gahlen, Rabensdorf,

Domsdorf (Antheil), Geisendorf, Görick, Petershahn, Raakow (Antheil), Kaltwitz, Ressen, Buchholz, Lubochow, Leeskow, Almosen, Bahnsdorf, Lindchen, Siewisch (Antheil), Steinitz (Antheil), Bischdorf (Antheil), Tornow;
d) im Kreise Spremberg: Wolkenberg, Straadow, Jessen (Antheil), Strausdorf;
e) im Kreise Luckau, Antheil von Schlabendorf.

Amtsblatt 1816, Stück 12.

In allen diesen abgetrennten Dörfern ist das cottbusser Recht nahezu verschollen, es wird dort in bunter Mischung bald Landrecht bald märkisches Recht angewendet; da aber hiermit offenkundig Privatrechte schwer verletzt werden, so muß auch dort das den Ortschaften zustehende Recht in Anwendung gebracht werden, bis dasselbe durch Gesetz förmlich aufgehoben sein wird.

In der Praxis bieten die Dörfer große Schwierigkeiten dar, von welchen nur Antheile oder gar nur einzelne Bauern altpreußisch sind, und also nur auf den Grund und Boden dieser Theile das alte Recht gilt, während die altsächsischen Theile sich des Allgemeinen Landrechts erfreuen, weil die Gränzen der Antheile fast überall verwischt und unbekannt sind. Es wird hier für den einzelnen Streitfall der speziellen Ermittelung bedürfen. Ein Hülfsmittel hierzu — und zwar bis jetzt das einzige und bekannte — liegt in einem alten Protokollbuche des Amtshauptmann von Grünbergk, welcher im Jahre 1652 auf Kurfürstlichen Spezialbefehl in jedem Dorfe der Herrschaft die bebauten und wüsten Stellen einzeln verzeichnete und in ihrem Wirthschaftszustande genau beschrieb, und zwar nur die brandenburgischen, nicht die sächsischen. Dies, auch kulturhistorisch in Betreff der Verwüstungen des dreißigjährigen Krieges wichtige Protokollbuch*) hat der Verfasser, in dessen Besitz es bisher war, dem Königlichen Kreisgerichte zu Cottbus übergeben.

II. **Motive zu §. 1—10. Erbrecht der Ehegatten.**

Das Erbrecht der Ehegatten ist durch das Statut festgestellt, und zwar in der einfachsten, dem ehelichen Verhältniß entsprechend-

---

*) Die ganze Herrschaft enthielt damals in 116 Dörfern 2733 Unterthanen sammt Wüstungen.

sten Weise, nämlich dahin, daß der überlebende Ehegatte einen bestimmten Antheil am gemeinschaftlichen Vermögen erbt. Alle Streitigkeiten über die Beschaffenheit und den Ursprung des Guts, über die Anrechnung gewisser Verwendungen für den Ueberlebenden und ähnliche Differenzen sind mit diesen einfachen Bestimmungen von selbst abgeschnitten und erledigt. Der Nachlaß und das Vermögen des erbenden Ehegatten werden eben, und zwar Aktiva und Passiva, wie sie zur Zeit des Todes standen, zu einer Vermögens-Masse vereinigt, diese Masse aber wird dann nach den einfachsten Rechnungsregeln getheilt. Die statutarischen Präcipua des Ueberlebenden der Eheleute, sowie die der Kinder, sind so geringfügig und so einfach bestimmt, daß sie bei der Erbtheilung keine Schwierigkeiten machen. Auffallend — jedoch nicht ohne Beispiel in andern Statuten — ist die ungleiche Theilnahme des Wittwers und der Wittwe, indem der Antheil des Erstern $2/3$, jener der Zweiten nur $1/3$ beträgt.

Nach altsächsischem Rechte bestand bekanntlich ein eigentliches Erbrecht zwischen Ehegatten nicht, vielmehr erhielt der Ueberlebende nur gewisse Abfindungen. Die hieraus nothwendig entstehenden Streitigkeiten und Uebelstände haben überall im Bereich des Sachsenrechtes zu statutarischen oder landesrechtlichen Bestimmungen über diesen Punkt geführt, gewöhnlich allerdings (wie in der Mark durch die Joachimica) unter Gleichstellung beider Eheleute, so daß Jedes die Hälfte des gemeinschaftlichen Gutes erbte. Woher es gekommen, daß gerade in Cottbus die Antheile ungleich bestimmt wurden, darüber giebt es irgend einen historischen Nachweis nicht, die ganze Form der Willkühr aber weist darauf hin, daß durch dieselbe nur dasjenige schriftlich und gleichsam rezeßmäßig festgestellt worden ist, was durch alten Gebrauch und Herkommen bereits landübliches Recht war, entstanden wahrscheinlich dadurch, daß in der Wirklichkeit die Abfindung der Männer nach Sachsenrecht sich höher herausstellte, als die der Weiber.

Seit jeher ist es streitig gewesen, ob das statutarische Erbrecht des Ehegatten ein wirkliches Erbrecht sei oder nicht[*]).

Haubold, sächsisches Recht §. 330. und für das märkische

---

[*]) Schott, Just. Juris saxonici (Ed. Haubold) Lib. IV. m. c. cap. II. §. 26.

Recht v. Kunow II. S. 122. erkennen die Qualität als Erbrecht unbedingt an und es wird ebenso nach der Willkühr entschieden werden müssen. Allerdings disponirt diese nur dahin:

Stirbt einem Manne sein Weib, so nimmt der allein einsame Mann zwei Theile des Gutes, stirbt aber ein Mann, so nimmt die Hausfrau den dritten Theil. Es erhellt jedoch, daß der Ausdruck „nimmt" nichts Anderes bedeuten soll, als „erbt" oder „nimmt zu Erbe" und zwar aus der ferneren Stelle: „Und wenn man dem Manne oder der Frau Bettgeräth abgerichtet, so soll das Uebrige alles, was da ist, in die Theilung kommen gleich anderm Gute." Von praktischer Wichtigkeit ist die Frage, ob der überlebende Ehegatte wirklicher Erbe sei, namentlich wegen des Rechts des Anwachses, und da nun, wie gezeigt, die Erbesqualität als erwiesen und durchaus anerkannt anzusehen ist, so wird:

a) die Portion des Ehegatten, der sie als unwürdig nicht erhält, den miterbenden Verwandten zuwachsen*),

  dagegen

b) beim Mangel von erbberechtigten Verwandten der (nicht unwürdige) überlebende Ehegatte ab intestato nicht bloß die statutarische Portion, sondern die ganze Vermögensmasse erben und erhalten.

Die neuere Praxis hat in dem Falle ad b. ein entgegenstehendes Verfahren und dem Fiskus die Ergreifung des die Statutarportion übersteigenden Vermögens zugelassen. — Wie schon früher gesagt worden, hat man sehr häufig Vorschriften des märkischen Rechtes hier in Anwendung gebracht, welche für Cottbus nicht gelten. Eine solche ist die ganz positive Vorschrift der Joachimica im Titel „Erbfälle zwischen Eheleuten" in fine Tit. 1. §. 3.:

„so aber keine angesippte Freund da wären, so nimmt das halbe Theil die Herrschaft."

Da nun aber die Joachimica in Cottbus niemals Gesetzeskraft erlangt hat, so erweist sich die Anwendung dieser Vorschrift

---

*) Stryck, de Succ. ab intest. V. Cap. 1. 26.

als eine rechtswidrige*). Die für unsern Bezirk behauptete Ausschließung des Fiskus gegenüber dem Ehegatten wird endlich noch dadurch bekräftigt, daß in dem unter Johann Georg 1594 abgefaßten, aber nicht publizirten Gesetzbuche Tit. III. §. XVI. ausdrücklich das Erbrecht des Fiskus resp. der Herrschaft erst zugelassen wird: „Wenn keine Freunde und auch kein Ehegatte vorhanden ist", welcher Letztere hierbei als Erbe anerkannt wird beim Mangel der „Freunde"**). Die Gegenstände, welche die Ehegatten, die Söhne aus dem Nachlasse des Vaters und die Töchter aus dem Nachlasse der Mutter vorweg erben und erhalten, sind im Statut klar und deutlich festgestellt. Den Umfang des Bettwerks im Falle des Streits ergeben die sub Nr. 2. des Anhanges im Auszuge mitgetheilten alten Aufzeichnungen des hier üblichen Rechts. Was die Berechtigung der Miterben, wie sie §. 7. näher aufführt, betrifft, so ist sie eine so selbstverständliche Folge der ganzen Einrichtung in Betreff des Erbrechts der Eheleute, daß die Aufnahme dieses, dem märkischen Rechte und dem hiesigen Gerichtsgebrauche entnommenen Paragraphs gerechtfertigt ist, wenn sich auch eine ausdrückliche gesetzliche Vorschrift dafür in unserm Bezirke nicht vorfindet.

Dasselbe gilt von dem §. 9., in welchem nur eine ganz allgemeine Rechtsregel der Vollständigkeit wegen ausgesprochen ist***).

Gerade und Mußtheil ist im cottbusser Kreise weder vorgeschrieben noch gebräuchlich gewesen. Die entgegenstehenden Mittheilungen in Stengel Band V. entbehren jeder Autorität und entsprechen dem Gerichtsgebrauch in keiner Weise. Heergeräth ist in Lehnsfällen zwar noch gesetzlich §. 45. der Lehnskonstitution von 1724, aber ganz veraltet und kommt praktisch nicht mehr vor.

In Stengel Band V. und nach ihm in den Entwürfen zum märkischen Provinzial-Recht von 1841 und 1844 findet sich noch eine Reihe von speziellen Bestimmungen über Einlösen versetzten

---

*) Eichhorn, Einleitung §. 337. — Curtius, sächsisches Recht §. 854. — Stryck, de Succ. ab intest. IV. 1. 4. V. 1. 25. — Thybaut §. 689. — Kunow, Neumärk. Prov.-Recht §. 395.

**) C. C. March VI. Abth. III. S. 111.

***) Scholz, Provinzial-Recht der Kurmark II. §. 223. — Runde, Deutsch Privat-R. §. 689. — Haubold, Sächs. Recht §. 318.

Silberwerks und dergleichen mehr vor. Dieselben sind hier weggelassen, weil sie sich entweder aus der Hauptregel von selbst ergeben, oder jeder gesetzlichen Begründung entbehren, auch völlig antiquirt und außer Gebrauch sind.

III. Motive für §. 11—16. Erbrecht der Verwandten.

Das Erbrecht der Verwandten im Sachsenspiegel und Landrecht ist nach den Regeln der Sippe geordnet, es sind also erbberechtigt:

Erste Parentel: Die Deszendenten.
Zweite Parentel: Die Aeltern des Erblassers und wenn sie vorher verstorben sind, ihre Deszendenten.
Dritte Parentel: Die Großältern des Erblassers und wenn sie verstorben sind, deren Deszendenten.

In jeder Sippe entscheidet die Nähe des Grabes, diese wird gemessen durch Zählung der Geburten von dem Stammvater bis zu dem Erbprätendenten.

Sachsenspiegel Lib. I. art. 3. und 17.

Den Nachweis für diese Regel des alten Sachsenrechts führt unwiderleglich

Sydow, Erbrecht des Sachsenspiegels (Berlin 1828)[*].

Es fragt sich nun, inwieweit diese Regel für unsern Bezirk durch spätere Gesetzgebung und die Einwirkung des gemeinen Rechts sich geändert hat.

1. Nach dem Sachsenrechte fand ein Repräsentationsrecht überhaupt nicht statt[**]), die Enkel von verstorbenen Kindern wurden von den Kindern, die Kinder verstorbener Geschwister von den lebenden Geschwistern ausgeschlossen. Diese Härte des alten Rechts haben nun die Reichsgesetze:

die Reichskammer-Gerichts-Ordnung von 1500, der Reichstags-Abschied von 1521 (zu Worms) und der Beschluß des Reichstages von Speyer vom 23. April 1529,

---

[*] Siehe Anhang Nr. 5.
[**] Die einzige Ausnahme, der Vorzug der Sohneskinder vor den Töchtern. Sydow, Erbfolge-Ordnung §. 20. ist veraltet und unwirksam.

beseitigt, wie dies in der allgemeinen Einleitung bereits näher nachgewiesen worden ist.

2. Nach dem Rechte des Sachsenspiegels schließt der Vater die Mutter des Erblassers aus und erbt also allein. Es schreibt nämlich der Sachsenspiegel I. 17. ganz bestimmt vor:

Stirbt ein Mann ohne Kind, sein Vater nimpt sein Erbe, hat er des Vaters nicht, es nimt es seine Mutter.

Für Chursachsen wurde dieser Vorzug des Vaters durch die Churfürstliche Constitution von 1572 (Cod. Aug. P. III. Const. 17.) aufgehoben, für die Länder des sächsischen Rechts, in welchen die chursächsische Gesetzgebung nicht gilt, — also auch für unsern Bezirk — ist die Sache stets streitig gewesen*), doch muß für Cottbus durch die fortwährende Praxis jene Regel des Sachsenspiegels als beseitigt angesehen werden, zumal da sie den Ansichten und Gewohnheiten der neuern Zeit zu sehr widerspricht, um auf Grund des Sachsenspiegels angewendet werden zu können.

3. Die Regel des alten Rechts, daß mit der 7. Stelle das Erbrecht überhaupt aufhört, ist durch das gemeine Recht beseitigt, und findet sich jedenfalls hierorts seit je keine Spur dafür vor, daß diese Regel in Gebrauch gewesen wäre.

4. Die schwierigste aber auch wichtigste Frage ist die, ob das System der Parentel-Erbfolge überhaupt sich in unserm Bezirk erhalten habe, namentlich, ob sie erstlich für die Erbfolge der Aszendenten noch gültig sei, und zweitens, ob die durch dies System bedingte Gradzählung — vom nächsten Stammvater ab noch in Anwendung zu bringen sei. Das gemeine Sachsenrecht hat — gleichgültig ob mit Recht oder Unrecht — in beiden Beziehungen die alten Grundsätze aufgegeben, es läßt die Großältern und ferneren Aszendenten vor den Geschwistern zur Erbschaft und hat die gemeinrechtliche Gradzählung angenommen**). Es erhellt, daß damit das System der Parentel-Erbfolge ganz aufgegeben ist, weil dasselbe weder mit dem Vorrecht entfernterer Aszendenten vor den

---

*) Schott, Just. Juris Sax. ed. Haubold Lib. II. Sect. III. m. 1. Cap. 1. §. 9. — Haubold, Sächs. Recht §. 314. — Stryck, de succ. ab int. II. 3. 1.

**) Curtius, chursächsisches Civilrecht Band 2. §. 846. — Haubold, Sächsisches Privatrecht §. 307. — Schott, Instit. (edid. Haubold) Lib. II. Sect. 4. m. 1. Cap. 1. §. 9.

Geschwistern, noch mit einer, die Existenz der Sippe gar nicht beachtenden Berechnungsart der Grade bestehen kann. Die Ansicht, daß die Aszendenten den — wenngleich nähern — Seitenverwandten vorgehen, ist allerdings sehr alt, aber stets kontrovers gewesen. In dem Anhange zum Sachsenspiegel, Zobel'sche Ausgabe von 1595, enthaltend Aussprüche der magdeburger Schöppen, findet sich ein Bescheid Th. 1. Cap. 7. Dist. 14., nach welchem: „Vaters Bruder und Mutter Schwester für gleich berechtigt erachtet werden zum Erbe wie der Aelter-Vater," — nach magdeburgischem Rechte und nicht nach Landrecht, denn „da nimpt es der Aelter-Vater." Dagegen wird im dritten Theile derselben Sammlung Cap. 9. das Näherrecht der Aszendenten vor den Seitenverwandten auf Grund des Art. 17. Thl. I. des Sachsenspiegels behauptet. Für unsere Gegend liegt gar kein Grund vor, von dem einfachen und festgeordneten System der Parentel- oder Sippen-Erbfolge abzugehen. Das Erkenntniß des Appellations-Gerichts in Sachen Mathes Kuba wider Wittwe Drabow*) nimmt zwar an, daß durch den allgemeinen Gebrauch des römischen Rechts die Parentel-Ordnung überhaupt den römischen Rechtsregeln habe weichen müssen, die Unrichtigkeit dieses Satzes für die Gebiete des altsächsischen Rechts erweist sich aber schlagend gerade an dem Erbrechte der Aszendenten.

Das R. R. beruft in 2ter Klasse die nächsten Aszendenten zugleich mit den vollbürtigen Geschwistern und deren Kindern, das Sachsenrecht läßt nach der Parentel-Ordnung folgen:
die Aeltern,
die Geschwister und deren Abkommen,
die Großältern.

Soll nun das R. R. auf diese letztere Erbfolge-Ordnung und namentlich auf das Erbrecht der Großältern einen abänderenden Einfluß gehabt haben, so hätte er doch nur dahin gehen können, die Großältern — und entfernteren Aszendenten — neben die Geschwister und deren Kinder, nimmermehr aber dahin, sie gegen R. R. und gegen Sachsenrecht vor die Geschwister zu stellen. Das Erbrecht der Sippe ist ein so festgeschlossenes System,

---

*) Anlage Nr. 4.

daß das R. R., wenn es hierbei eine Abänderung herbeigeführt haben sollte, es total beseitigen und sein eigenes System an dessen Stelle hätte setzen müssen. Nun besteht aber eine der Hauptregeln des Sachsenrechts — das Schooßfallrecht — unbestritten und unzweifelhaft noch heut — b. h. das Vorrecht der Aszendenz in ihrer Sippe, oder mit andern Worten, vor ihren eigenen Abkommen — es kann daher eine Abänderung des Systems der Parentel-Erbfolge durch das R. R. nicht zugegeben werden. Dies erkennt auch das Urtel des Ober-Tribunals in Sachen Kittel wider Hartstein an, nach Eichhorn §. 333. not. c., und endlich spricht dafür, daß das Allgemeine Landrecht in seiner Erbfolge-Ordnung sich dem Sachsenrecht nahe anschließt und in die zweite Klasse die Aeltern, in die dritte die Geschwister und deren Abkömmlinge, in die vierte aber erst die Großältern mit den Halbgeschwistern stellt. Wenn aus diesen Gründen die fortdauernde Gültigkeit des Parentel-Erbrechts als erwiesen angesehen werden muß, so werden dieser Annahme zwei fernere Umstände nichts weniger als entgegenstehen, nämlich der, daß beim Festhalten des Erbrechts der Sippe die Streitigkeiten über Erbberechtigung sich fast immer leicht und klar entscheiden lassen, und zweitens der, daß damit der Vorzug entfernter Aszendenten vor Geschwistern wegfällt, ein Vorzug, welcher dem Rechtsgefühl ebenso sehr widerspricht als das Vorrecht*) der Aeltern ihm entspricht.

---

*) Das renovirte Statut der Stadt Hoyerswerda vom Tage Marci 1606 bestimmt im §. 56.: Stirbet aber eine Manns- oder Weibsperson ohne Leibeserben, auch Vater und Mutter, und verläßet hinter sich Bruder und Schwester oder unter diesen eins auch Bruder und Schwester Kinder, so nehmen das Erbe seine lebenden Brüder und Schwestern und Bruder und Schwestern Kinder. Es ergibt dieß Beispiel aus den Rechtsgewohnheiten der Gegend die Regel, daß unmittelbar nach den Aeltern die Geschwister als die erbberechtigten Verwandten angesehen werden, — was eben die Folge der Parentel-Ordnung ist. Anders freilich spricht sich in dieser Beziehung der revidirte Entwurf zum Provinzialrecht der Mark Brandenburg von 1841 Thl. I. Abth. II. S. 292. aus. Es heißt dort: Was das Schooßfallsrecht betrifft, so ist bekanntlich durch den Ausdruck Vater und Mutter im Art. 17. Buch I. des Sachsenspiegels die Controverse entstanden, ob der Schooßfall sich nur auf die unmittelbaren Eltern oder auch auf die entfernteren Aszendenten erstrecke. Die Controverse ist indeß längst zu Gunsten der letztern Alternative entschieden worden. Wenn daher bei dem Land- und Stadtgericht zu Crossen die Praxis sich dahin gebil-

Unschwer einzusehen ist übrigens, daß die vorerwähnten Bestimmungen der Reichsgesetzgebung — über das Repräsentations-Recht — unserm Erbrechtssysteme in keiner Weise widersprechen, sich demselben vielmehr ungezwungen einfügen lassen.

5. Die statuarischen Präcipua der Söhne und Töchter sind im Statut selbst vollständig angegeben.

6. Die Rechtsregel „Halbe Geburt tritt einen Schritt zurück" ist durch Sachsenspiegel I. 3. begründet, ihre Gültigkeit für die Gegenwart auch gar nicht zweifelhaft.*) Dagegen erheben sich bei der Anwendung der Regel auf den einzelnen Fall die erheblichsten Schwierigkeiten und Meinungsdifferenzen.

a) Die Regel ist eine Vorschrift für die Grabzählung. Da nun in jeder Parentel die Grade vom Stammvater ab gezählt werden, so versteht es sich zuerst von selbst, daß die Regel überhaupt nur in Anwendung kommen kann, wenn in ein und derselben Parentel Streit zwischen Halbbürtigen und Vollbürtigen über die Nähe des Grades entsteht. So lange z. B. aus der 2ten Parentel, d. h. von den Abkömmlingen des Vaters noch ein Verwandter vorhanden ist, kann die 3te Parentel, d. h. die Abkommenschaft des Großvaters, nicht zum Erbe gelangen, es ist daher gleichgültig, ob der in der 2ten Parentel Stehende halbbürtig ist oder vollbürtig.

b) Ebenso unstreitig ist, daß diese Regel neben der Vorschrift über das Repräsentationsrecht angewendet werden muß und dies Recht nicht stört. Es wird also des halben Bruders Kind dem Enkel des vollbürtigen Bruders vorgehen, und ebenso des vollen Bruders Kind dem halben Bruder.

---

det hat, daß der Schooßfall nur auf die unmittelbaren Eltern sich beziehe, so ist dieß in keiner Art zu billigen. Wir müssen diese Bemerkung des Revisors aus den oben angeführten Gründen für unrichtig und das Verfahren des Gerichts in Crossen für völlig gerechtfertigt halten. Denn das Schooßfallrecht ist eben nur aus der Parentel-Ordnung des Sächsischen Rechts entstanden und zu erklären — dasselbe kann somit die Parentelerbfolge nicht durchbrechen, wenigstens wird dies für unsern Landestheil, da gar keine gesetzlichen Gründe für eine solche Abweichung vorzufinden sind, unbedingt festgehalten werden.

*) Stryck, de succ. ab intest. III. 3. 16. — Schott, Inst. dur. Sax. ed. Haubold S. 282. §. 12.

c) Im hohen Grade streitig dagegen ist, ob die Regel nur anwendbar sei für den Fall der Konkurrenz zwischen Geschwistern und Geschwisterkindern, oder ob sie vielmehr für alle Grade der Seitenverwandten, auch den entfernteren, Gültigkeit habe. Das Erkenntniß des Appellationsgerichts zu Frankfurt*) in Sachen Kuba wider Drabow entscheidet sich mit Sydow, Erbrecht des Sachsenspiegels Erbfolgeordnung §. 32. für die erste Ansicht, wir müssen aber die zweite für die richtigere halten. Zunächst ist nicht recht abzusehen, warum eine solche, dem Rechtsgefühl wohl entsprechende Regel grade nur auf den nächsten Fall beschränkt werden soll. Ferner spricht der Sachsenspiegel allerdings im Lib. II. art. 20. nur von dem Falle der Geschwister, aber in der, die Regel eigentlich begründenden Stelle Lib. I. art. 3. sagt er im Allgemeinen:

In des Halses Libe die kindere, die ane zweiunge von vater und muter geboren sind. Ist da zweiunge an, die en mogen an einem libe nicht besten und schricken an ein ander lib.

Unserer Ansicht ist denn auch Haubold, Sächs. Recht §. 310. und die von ihm allegirten Carpzow, Berger, Hommel und Schott**), sowie das Tribunals-Urtel Kittel wider Hartstein, und erweisen für den Rechtskreis des Magdeburger Rechts dasselbe, endlich das sub d. No. 4. angeführte Schöppenurtel. Es wird hiernach unsere Meinung, wenn auch zugegeben werden muß, daß sie nach dem Sachsenspiegel zweifelhaft ist, dennoch durch die spätere Rechtsgewohnheit, als festgestellt anzusehen sein.

d) Einem ähnlichen Streite begegnen wir schon aus alter Zeit über die Frage, ob die Rechtsregel in Rede den Vorzug der vollen Geburt nur bei gleicher Gradesnähe rechtfertige oder weiter gehe und den entfernteren Vollbürtigen mit dem näheren Halbbürtigen — versteht sich überall und immer in gleicher Parentel — gleichstelle. Nach unserer Ueber-

---

*) Anlage Nr. 4.
**) cfr. auch Stryck, de succ. ab int. III. Cap. 3. §. 6.

zeugung rebuzirt sich jedoch dieser Streit auf eine Verschiedenheit zwischen dem Juri saxonico communi und dem Magdeburger Rechte. Unter den Rechtslehrern spricht sich hierüber am deutlichsten aus:

Westphal, deutsch Privatrecht II. Abhandlung 77.

§. 3. Zwischen Ober- und Niedersachsen findet sich darin ein Unterschied, daß in Obersachsen nicht nur der Vollbürtige, welcher mit dem halbbürtigen Verwandten in gleicher Linie steht, diesem allemal vorgeht, sondern auch, wenn er einen Grad entfernter ist, als der halbbürtige, mit diesem zugleich erbet, in Niedersachsen aber nur bei gleichem Grade sich der Vorzug der vollen Geburt vor der halben zeigt, aber der entferntere vollbürtige deshalb doch dem nähern halbbürtigen nicht an die Seite gesetzt wird.

Es ist nun ganz unzweifelhaft, daß das magdeburger Recht den hier ausgesprochenen Grundsatz des niedersächsischen adoptirt hat, und daß somit auch in Cottbus: der vollbürtige Verwandte den halbbürtigen desselben Grades vorgeht, dagegen der entferntere vollbürtige nicht zugleich mit dem einen Grad nähern halbbürtigen das gleiche Erbrecht hat — überall selbstverständlich ohne Verletzung des Repräsentationsrechts der Kinder von Geschwistern, welches z. B. die Kinder rechter Geschwister vor die Halbgeschwister stellt.

Die Richtigkeit des aufgestellten Rechtsgesetzes beweisen die alten, in der Anlage Nr. 4. im Urtel erster Instanz mitgetheilten Rechtssprüche mit Bestimmtheit. Bei denselben ist jedoch wohl zu beachten, daß sie vor Einführung des Repräsentations-Rechtes der Kinder von Geschwistern ergangen sind, die Modifikation der Rechtsregel durch dieses also nicht berücksichtigen.

Noch wichtiger sind zwei andere Urtheile, über welche der Schöffenstuhl und die landesherrlichen Gerichte in Differenz gekommen sind.

Der erste findet sich in der Sammlung von Rechtssprüchen hinter dem „Sächsisch Weichbild Lehnrecht und Remissorium", Ausgabe von 1557 ohne Ort.

Dort ist ausgesprochen, daß „halber Bruder vor des Vaters Schwester Erbe nehm." Diesem Urtel folgt ein Satz: Zwispalbe auf gemeldeten Fall im Schöppenstuhl zu Leipzig und Obern Hofgericht. Vom Herzog Georg zu Sachsen wird nämlich „den Räthen" der Fall zur Begutachtung vorgelegt: „daß Einer verstorben und hat halbe Bruder und Mutter Bruder nach sich gelassen, und sei er berichtet, daß von dem Hofgericht anders, denn vom Schöppenstuhl zu Leipzig gesprochen worden." Darauf antwortet das Hofgericht: „daß halbe Bruder und Mutter Bruder zu des Verstorbenen Erbe gleich nahe sein, aus Ursachen, daß der Mutter Bruder am dritten Gliede, desgleichen die halben Brüder auch seind. Denn im Landrecht klar ausgedrucket, daß der halbe Bruder eines Gliedes weiter, als der rechte Bruder von voller Geburt, daß aber die Schöppen in Leipzig anders sprechen sollen, willten wir uns nicht versehen, dieweil ihnen eingebunden, Sächsisch Recht zu halten." Der andere ganz gleiche Streit zwischen der Universität Frankfurt und dem Leipziger Schöppenstuhl theilt mit: Stryck, de succ. ab int. III. 3. 16.

Die Inform. Urtheile laufen wider einander, indem die Scabini Lipsienses dem halbbürtigen Bruder die entledigte Erbschaft zuerkennen, die Francofurtenses aber secundum jus Saxonicum vetus sprechen, daß die Erbschaft unter dem halbbürtigen Bruder und den beiden vollbürtigen Mutter-Schwestern in capita zu theilen. Per rescpt. a Regimine Neo Marchico wurde für die Ansicht der Frankfurther Universität in diesem Falle entschieden, weil die Weichbilder Crossen, Cottbus ꝛc. auf das alte Sachsenrecht und nicht auf die Novellas Const. August. gewidmet. Aus beiden Fällen ergiebt sich klar, daß die Schöffen an dem Eingangs erwähnten alten niedersächsischen Grundsatze festgehalten haben, während die gelehrten Richter ihn — und zugleich das Vorrecht der näheren Parentel — unbeachtet gelassen und lediglich das gemeine Sachsenrecht — Landrecht, landläufiges Sachsenrecht — ihrer Entscheidung zu Grunde gelegt haben, was offenbar zu Unrecht geschah.*)

---

*) Das oben allegirte Statut von Hoyerswerda setzt §. 59. fest: „Stiefbruder und Stiefgeschwister nehmen gleichen Theil mit des rechten Bruders Kindern. Allerdings ist hier das sonst im Statut anerkannte Repräsentationsrecht verletzt, es kommt aber darauf nicht an, jedenfalls erweist jene Bestimmung, daß der oben angeführte niedersächsische Grundsatz in den Rechtsgewohnheiten der Gegend anerkannt und recipirt war.

Was den Pflichttheil betrifft, so kann zunächst nach allgemeinen Rechtsregeln die portio statutaria der Eheleute nicht durch Testament, sondern nur durch Erbvertrag geschmälert werden.*) In Bezug auf die Aszendenten und Deszendenten gelten lediglich dieselben Regeln, wie im märkischen Rechte, und zwar nicht sowohl deshalb, weil die Kammergerichts-Ordnung von 1700 diese Regeln als allgemeine für die ganze Mark aufstellt, sondern besonders um deshalb, weil die Gleichheit der zu Grund liegenden Verhältnisse eine andere Feststellung der Pflichttheile als die im Text gegebene nicht zuläßt. Wir können uns daher hier begnügen, auf die Ausführungen in dem Märkischen Provinzial-Recht von Scholz und von Kunow hinzuweisen, und haben nur hinzuzufügen, daß Beide des Abzugs der Illaten offenbar nur in Folge eines Uebersehens nicht gedenken.

Ueber das Erbrecht des Fiskus ist bereits in der Erbfolge der Ehegatten das Nöthige beigebracht. Nach Sachsenrecht**) ist in keiner Weise ein Anspruch des Fiskus auf den Theil des Nachlasses zu begründen, welchen die statutarische Portion des überlebenden Ehegatten freiläßt, er wächst sonach diesem zu, sofern miterbende Verwandten fehlen; die Anwendung der positiven Vorschriften der Joachimica über den Anfall solcher Erbschaftstheile ist, da die Joachimica in Cottbus nicht gilt, somit völlig unzulässig und rechtswidrig. Auch Kunow erkennt dies in dem oben angezogenen §. 395. als richtig an.

---

*) Scholz, Märkisch R. II. S. 223. — Kunde, deutsch. Privat-R. §. 689.

**) Das Sächsische Weichbildrecht (herausgegeben von Daniels und v. Gruben in den Rechtsdenkmälern des deutschen Mittel-Alters) enthält sub LVIII. Ob ein erbe stirbet, bo sich nymant zuziet in jare und getage, das geselle an by koningliche gewalt.

Si hereditas relinquatur vacua, hoc est, non extante herede, et ad quoam se nullus trahit in anno et die, illa ad regalem pertinet majestatem.

Die Sammlung Leipziger Schöffensprüche hinter der Zobelschen Ausgabe des Sachsenspiegels von 1595 sagt endlich ganz bestimmt S. 537.:

So auch gar kein Verwandter sich zu dem Erbe, so über des Weibs Gerechtigkeit vorhanden, befände, so folgt dasselbe dem Weibe billiger als dem Gericht.

Antretung der Erbschaft.

Kaum irgend eine Lehre ist für unsern Bezirk in Bezug auf Ehegatten schwankender und unklarer als diese — und zwar hauptsächlich darum, weil man auch hier vielfach märkische Vorschriften in Anwendung gebracht hat, welche für den Bezirk durchaus nicht gelten — namentlich das Erbschaftsedikt vom 30. April 1765. Jenes Edikt besteht aus zwei Abtheilungen. Die erste Abtheilung ist, nach ihrem ganzen Inhalte, sowie nach der ausdrücklichen Angabe in der Einleitung ein allgemeines Landesgesetz, dagegen enthält die zweite Abtheilung lediglich eine Erläuterung der Joachimischen Constitution, und betrifft die Erbfolge zwischen Eheleuten in der Kur- und Neumark. Erklärt wird diese seltsame Verbindung dadurch, daß Anfangs nur beabsichtigt wurde, einzelne Zweifel in Betreff der Joachimica zu beclariren, daß man aber nachher auf einen Bericht des Kammergerichts für zweckmäßig befunden hat, dieser Declaration einen Titel des damals ausgearbeiteten, aber noch nicht publizirten Cod. jur. Fried. rev. voranzustellen. Hiernach ist jenes Edikt in seiner ersten Abtheilung durch das Landrecht aufgehoben, in seiner zweiten aber, da sie nur eine Erläuterung der Joachimica enthält und diese hier nie Gültigkeit gehabt hat, im cottbusser Bezirk bezüglich keiner seiner Vorschriften von Gesetzeskraft oder anwendbar*).

Das Appellationsgericht zu Frankfurt hat in neuester Zeit in zwei Prozessen von hier**) das Gegentheil des vorstehenden Satzes als gerechtfertigt angenommen, wir können uns aber dieser Autorität nicht fügen, weil zu entscheidende und durchgreifende Gründe entgegenstehen.

Jene Erkenntnisse führen zunächst aus: „daß die Rechtsgrundsätze des Erbschaftsedikts für den Gerichtsbezirk von Cottbus niemals wirksam gewesen und darin keine Gültigkeit erlangt haben, obwohl Cottbus schon einen Theil der Neumark bildete, als das gedachte Erbschafts-Edikt emanirt wurde, solches läßt sich mit

---

*) Siehe auch: Scholz, Provinzial-Recht der Kurmark Bd. II. S. 365.
**) Worseck wider die Wittwe des Schneider Golbberg, Kobligt wider dieselbe.

Beifall der Gesetze nicht behaupten." Wie schon gesagt, ist nun aber jenes Edikt, so weit es Provinzial-Gesetz ist, lediglich eine Erläuterung der Joachimica, es ergiebt sich also von selbst, daß es als Provinzial-Recht an einem Orte nicht Gültigkeit erlangen konnte, an welchem das declarirte Gesetz nicht gilt. Das allegirte Erkenntniß bezieht sich ferner darüber, daß das Erbschafts-Edikt in Betreff der Bestimmungen in Rede durch das Landrecht nicht außer Wirksamkeit gesetzt sei, auf die Ausführung in Scholz Provinzial-Recht der Kurmark II. S. 356. Scholz führt nun aber in der angezogenen Stelle aus, daß an die Stelle der ersten Abtheilung des Erbschafts-Edikts das Landrecht getreten sei, daß jedoch die betreffende Vorschrift des §. 3. dieser Abtheilung in der Mark nichtsdestoweniger Gültigkeit behalten hat, weil sie eine in Betreff der märkischen Ehegatten speziell gegebene und in dem rein provinzialrechtlichen Theile des Edikts noch besonders bestätigte Vorschrift sei. Dies ergiebt aber eben erst recht, daß das Erbschafts-Edikt jetzt nur noch provinzialrechtliche Wirksamkeit hat, und in einem Landestheile, in welchem ihm diese fehlt, durch das Landrecht beseitigt ist.

Das Erkenntniß stellt weiter den Satz auf: „Der Umstand, daß die sogenannte Constit. Joachimica Veranlassung zu Zweifeln gegeben hat, welche damals den Gesetzgeber bewogen haben, Bestimmungen über die Erbfolge der Eheleute in der Kur- und Neumark zu treffen, berechtigt in keiner Weise zu der Folgerung, daß diese Bestimmungen für Cottbus niemals Gültigkeit gehabt haben. Es wird hiermit ausgesprochen, das Erbschafts-Edikt sei zwar durch Zweifel über die Joachimica entstanden, es habe aber, ohne sich auf den Gültigkeits-Rayon der Joachimica zu beschränken, Vorschriften für den ganzen Umfang der Kur- und Neumark gegeben. Diesem Ausspruche stehen aber die Worte des Gesetzes direkt und entscheidend entgegen:

a) Die Ueberschrift des Edikts bezeichnet dasselbe als: Allgemeine Verordnung, wie es bei Erbschaftsfällen . . . . . . zu halten, worin zugleich in Ansehung der Erbfolge zwischen Eheleuten in der Mark einige bisher zweifelhaft gewesene Rechtsfragen entschieden, und insofern die Constit. Joachimica von 1527 vorläufig erklärt und supplirt wird.

b) Im Eingange ist gesagt: Nachdem verschiedentlich wahrgenommen, daß ꝛc. anderenseits bei der in der Mark eingeführten Erbfolge unter Eheleuten sich in verschiedenen Fällen über den wahren Sinn der sogenannten Joachimischen Constitution Zweifel hervorgethan, so haben wir ꝛc.

Nach diesen ausdrücklichen Bestimmungen ist erwiesen, daß das Edikt in keiner Weise beabsichtigt hat, neue provinzialrechtliche Normen aufzustellen, und daß es vielmehr nur zur Erläuterung der Joachimica erlassen worden ist, seine Wirksamkeit also genau in den Gränzen liegt, innerhalb deren die Joachimica gilt. Könnte hiergegen noch irgend ein Bedenken aufkommen, so würde dies beseitigt dadurch, daß

c) im §. 4. des Thl. II. die Erbportion der Ehegatten auf die Hälfte der Masse festgesetzt wird. Wäre nämlich das Edikt ein neues Provinzial-Gesetz und aus diesem Grunde auch für Cottbus gültig, dann wäre hier auch jene Vorschrift mit der Publikation des Edikts in Kraft getreten. Nun ist aber notorisch die Erbportion des Ehegatten in Cottbus noch jetzt eine ganz andere, mithin hat das Edikt nicht die Natur eines Gesetzes, welches neues Recht begründet und einführt, sondern eben nur jene der Erläuterung der Joachimica.

In den allegirten Erkenntnissen wird endlich noch angegeben, daß weder Scholz noch Kunow für den Gerichtsbezirk Cottbus von einer Abweichung oder Ausnahme sprechen. In Betreff auf Scholz ist dies richtig, aber unwesentlich, da er überhaupt des cottbusser Rechts nicht erwähnt, dazu auch keine Veranlassung hat. Was dagegen Kunow betrifft, so ist jene Angabe der Erkenntnisse unrichtig, da Abtheilung II. S. 218. ausdrücklich gesagt wird: Es konnte in Cottbus die Meinung sich nicht erzeugen, es sei die Joachimica das Erbschaftsgesetz. Diese Meinung hat auch niemals Eingang gefunden. Eine unmittelbare Folge davon ist, daß die zweite Abtheilung des Erbschafts-Edikts dort außer Anwendung geblieben ist.

Richtig ist nun allerdings, daß in den ersten allgemeinen Theil des Edikts einzelne Bestimmungen aufgenommen sind, welche die märkische Erbfolge betreffen, die unmittelbare Verbindung mit dem zweiten Theile ergiebt aber, daß diese Bestimmungen örtlich nicht weiter reichen sollten und konnten, als der zweite Theil des Edikts selbst, und es läßt sich in keiner Weise die Annahme rechtfertigen, daß einzelne Vorschriften des ersten Theils des Edikts provinzialrechtliche Gültigkeit für die inkorporirten Kreise der Neumark haben sollten, für welche der eigentlich provinzialrechtliche zweite Theil nicht gilt — es läßt sich dies nicht annehmen, weil von einer solchen Ausnahme das Gesetz doch irgend Etwas hätte erwähnen müssen.

Wenn sonach weder das Erbschafts-Edikt noch die Joachimica in der Herrschaft Cottbus Gesetzeskraft erlangt haben, so folgt hieraus zuvörderst, daß die (gewiß sehr sachgemäße) Regel des märkischen Rechts: daß der Ehegatte das beneficium inventarii erst dann verliert, wenn er auf richterliche Aufforderung in der ihm gestellten Frist das Inventarium nicht beibringt*) — hier den Nachlaßgläubigern gegenüber nicht in Anwendung komme.

Eine weitere Folge ist, daß Cap. 33. der Neumärkischen Kammergerichts-Ordnung, welches ausdrücklich mit für Cottbus gegeben — in der Mark aber durch das Erbschafts-Edikt aufgehoben, hier in Gültigkeit geblieben ist, dasselbe ordnet aber an, daß alsbald nach Aufrichtung des Inventarii, welches zum längsten in sechs Wochen nach des Mannes Tode conficirt werden soll, die Frau in den nachstehenden sechs Monaten sich Judicialiter und Cathegorice erklären soll, ob sie mit Conferirung alles Ihrigen Erbe nehmen oder illata repetiren wolle, auf den widrigen Fall soll ihnen das jus optionis nicht zu statten kommen. Jedoch ist dieses von denen Casibus, da Creditores vorhanden und derer selben praejudicium zu befahren ist, zu verstehen, denn wider Kinder und Agnaten des verstorbenen Mannes kann eine Frau auch nach Abfluß der vorgedachten Zeit sich des juris optionis gebrauchen.

Bei der Uebereinstimmung der Fristen und Wirkungen dieser Vorschrift mit den betreffenden des Allgemeinen Landrechts erscheinen letztere lediglich als die bestimmter und besser gefaßten, und ist es darum nicht weiter zweifelhaft und bedenklich, die nicht suspendirten Vorschriften des Allgemeinen Landrechts, wie sie für

---

*) Simon und Strampff, Rechtssprüche IV. S. 56.

andere Erben gelten, in Cottbus auch auf den nachgelassenen Ehegatten anzuwenden, soweit es das Verhältniß zu andern Personen, als den Miterben betrifft.

In Bezug auf die Miterben ergiebt dagegen das ganze System unseres Erbrechts folgendes Besondere für den Erbesantritt der Eheleute:

1) Der überlebende Ehegatte ist von selbst präsumtiver Erbe, dadurch erlangen die Miterben aber noch kein Miteigenthum in seinem eigenen Vermögen; die Frage, ob er nach dem Statut einwerfen will oder nicht, hängt darum von seiner Erklärung ab und kommt wesentlich erst bei der Theilung zur Sprache.

2) Die rechtzeitige Erbesentsagung bringt den Ehegatten selbstredend aus aller Verbindung mit dem Nachlasse. Auf der andern Seite enthält die unbedingte Antretung der Erbschaft mit Entsagung der Rechtswohlthat, sie mag nun ausdrücklich in der vorgeschriebenen Form oder durch bewußte Einmischung*) geschehen sein, zugleich die Erklärung, das eigene Vermögen einwerfen zu wollen.

3) Dagegen wird durch Antreten mit Vorbehalt oder dadurch, daß der Ehegatte lediglich durch Stillschweigen nach dem Gesetze**) Erbe ohne Vorbehalt wird, das Wahlrecht den Miterben gegenüber nicht entzogen, weil eine solche Folge weder die Kammergerichts-Ordnung von 1700, noch das Allgem. Landrecht kennen. Den Miterben bleiben sonach bei verzögerter Erklärung des Ehegatten nur die gewöhnlichen Mittel des Rechts übrig, ihm nämlich durch das Gericht eine angemessene Frist zu seiner Erklärung bestimmen zu lassen. Das Versäumen dieser Frist kann aber nach allgemeinen Rechtsregeln nur die Folge haben, dem Ungehorsamen das jus optionis zu entziehen und ihn zu nöthigen, Erbe unter Einwerfen zu nehmen, keineswegs die, daß das Wahlrecht nunmehr an die Miterben übergeht, wie dies auf positive Vorschrift in der Mark eintritt.

---

*) Allg. Landrecht §. 420. I. 9.
**) §§. 421. 424. 427. ibid.

Wir glauben hiermit die provinzialrechtlichen und statutarischen Regeln des Intestaterbrechts für die Herrschaft Cottbus vollständig gegeben zu haben, und würden also weiterhin lediglich das Gemeine R. und das Landrecht Platz greifen, so z. B. in Bezug auf das Einwerfen Seitens ausgestatteter Kinder, die Enterbung, den Verlust des Erbrechts durch Unwürdigkeit, das Verhältniß der unehelichen Kinder, welche in die Familie der Mutter eintreten. Nachträglich und nebenher bemerken wir, daß auch auf den übrigen Gebieten des Rechts — abgesehen vom Kirchenrecht — provinzialrechtliche Vorschriften nur in sehr geringem Umfange für unsern Bezirk sich auffinden lassen. Als besonders einflußreich erinnern wir bei dieser Gelegenheit daran, daß die Schulden der Ehefrauen wie in der Mark gültig sind. Das Letztere erkennt nämlich die Gültigkeit der von einer Ehefrau auch ohne Bewilligung des Mannes eingegangenen Verpflichtungen zwar an, gestattet aber während der Ehe nicht, das dem Nießbrauchrechte des Mannes unterworfene Vermögen der Frau im Wege der Exekution zur Erfüllung solcher Verpflichtungen in Anspruch zu nehmen. Der Grund für diese Regel liegt in keiner einzelnen positiven Vorschrift des Provinzialrechts, sondern in der allgemeinen, auch in der Mark recipirten deutschen Gewohnheit, wonach dem Ehemanne der usus fructus, auch der bonorum paraphernalium zusteht*). Da nun diese Rechtsgewohnheit dem Sachsenrechte vollständig entspricht, so muß jene Regel auch für unsern Bezirk als gültig anerkannt werden.

---

*) Gutachten des Ober-Tribunals vom 9. Januar 1781, Eisenberg und Stengel II. S. 61.

Anlagen.

1.
Willkür.

Wir Hans Herr zu Cottbus bekennen öffentlich und thun Kund allen bene, die diesen Brief sehen oder hören lesen, daß wir durch nutz und frommen unserer Herrschaft des Landes undt der Stadt Cottbus mit unsern lieben getreuen beide Mannen und des Landes gemeiniglich und Bürgermeister Rathmannen und der ganzen gemeinen zu Cottbus eintrechtiglich zu Rahte wurden sein, und haben die Willkür des rechten, dere sich unsere Eltern undt wir, darnach mit den Unsern bis an diese Zeitt gebraucht haben und gehalten, lassen abgehen, und haben mit wohlbedachten muthe, Zeitlichen Rathe und mit gutem willen der genannten unser lieben getreuen Mannen, Rathmannen und der ganzen gemein, des Landes gekoren und uns eintrechtiglich gegeben zu Sachsenrecht, Nemblich kiesen wir uns und geben uns zur Magdeburgischen rechte, mit allen unsern, daßelbe Magdeburgische Recht fürbas mehr zu halten und zu gebrauchen Jedermann zu seinem rechte, sonderlich diese vorgeschriebenen Artikel und Stuck alleine ausgenommen. —

Stirbet einem Manne sein Weib, so nimbt der Mann Zwei theyl des guets, stirbet aber ein Mann, so nimbt die Hausfrau den dritten Theil. Stirbet ein Mann und lest einen Sohn, der sohn nimbt des Vatern Kleider, leßt er aber nicht einen sohn, so soll man die Kleider theilen gleich dem andern guete. Stirbet aber eine Fraw und lest eine Tochter, die tochter nimbt der Mutter Kleider, left sie aber nicht eine Tochter, so fallen die Kleider an die nechsten, gleich anderm Gut. Und wenn man dem Manne und der Frauen ihre bettgerete abgerichtet, so soll das übrige alles was da ist, in die Theilung kommen gleich anderen guet.

Were es auch sache, das was da ist unter Zehen Schocken, kann er gehaben zwene unversprochene Männer, mit denen er verfahre.

Das wir das obgeschriebene recht ganz unverbrüchlich mit alle den unsern fürbas neber halten, bestetigen wir das mit kraft und macht dieses briefes. Zur Urkundt und wahrer Bestetigung haben Wir genannter Hans Herr zur Cottbuß unser Insiegell mit gutem Wissen an diesen offenen Brief hengen lassen. Gegeben zu Cottbuß nach Christi Geburt Tausend Vierhundert darnach in dem Neundten Jahre am Tage Fabiani undt Sebastiani.

2.

Auszug aus den alten Notizen: Wie nach Cottbusischer Willkühr und sonst nach Uebung und Gewohnheit der Gerichte daselbst in Erbschichtungen es soll gehalten werden.

(Aus den Statuten-Akten des Kreisgerichts.)

Wann ein Weib nach dem Tode ihres Mannes sich von ihren Kindern scheiden soll, so machet man der Frauen allererst ihr Bett nach Gewohnheit, nämlich: ein Unterbette, ein Ueberbette, ein Pfühl, ein Küßen, alles überzogen und ein Beilach. Darnach nimmt die Frau alle ihre Kleider und Silberwerk, das ihr ist zu ihrem Leibe gemacht und sie vor das ihre gebraucht hat, das nimmt sie alles zuvor, ehe die Theilung geschieht.

In oben angezeigter Weise soll dem Manne sein Bette gemacht werden, und nimmt seine Kleider zuvor.

Hierbei zu wissen, daß man in Cottbus und sonst wo man den Frauen den 3. Theil giebt, keine Gerade nicht giebet oder nimmt, sondern es ist aller Erbe, was man giebt oder nimmt, als man findet im Sächsischen Rechte lib. I. Art. 24. Allein hält es diesen Unterschied: Stirbet ein Mann, läßt er einen

Sohn und Tochter, so nimmt der Sohn des Vaters Kleider, die Tochter der Mutter Kleider und Silberwerk alleine. Ist der Sohn geweihet zu einem Priester, so nimt er gleich denen Schwestern an der Gerade, das ist an dem Silberwerk und auch an dem Erbe Theil, davon im 5ten Art. Lib. I.

So aber Mann und Weib stürben ohne Kind, so kommen des Mannes und Weibes Kleider, Silberwerk, Schleyer alles in gemeine Theilung gleich denen andern Erbgütern.

3.

In Sachen der Geschwister Kittel, nämlich ꝛc. zu Cottbus, Ver=
klagten und Widerkläger, jetzt Revidenten,
      wider
den Hutmachermeister Carl Moritz Hartstein zu Spremberg, den Gerichtsamtmann Johann Gottlob Hartstein zu Pretzsch und den Oekonomen Johann Gotthelf Polingk zu Böhle, Kläger und Wiederverklagte, jetzt Revisen,
    erkennt das Königliche Geheime Ober-Tribunal für Recht, daß zwar die Formalien der Revision für beobachtet anzunehmen, in der Sache selbst aber, die am 12. resp. 26. Januar 1832 und am 1. November resp. 13. December 1832 eröffneten Er-
kenntnisse des Landgerichts zu Cottbus und des zweiten Senats des Oberlandes-Gerichts zu Frankfurt a. d. O. zu bestätigen, auch Verklagte und Widerkläger in die Kosten dieser Instanz, nebst 20 Rthlr. Succumbenz=Geldern zu verurtheilen.
      Von Rechts Wegen.
      Gründe.
  Zu dem Nachlasse der zu Cottbus am 29. Mai 1828 kin-
derlos und ohne Testament verstorbenen Wittwe des Braueigen Böttcher, haben sich als Intestaterben die in Rubro genannten Personen gemeldet. Die Geschwister Hartstein und der Oekonom Polingk haben in ihrer wider die übrigen sich gemeldeten ange-
stellten Klage behauptet, daß die Erbschaft ihnen mit Ausschluß derselben angefallen sei, weil sie als Kinder einer Halb-

schwester der Erblasserin vermöge des Repräsentations-Rechts in deren Stelle träten und näher als jene mit ihr verwandt wären. Die Verklagten haben dagegen erwiedert, daß in Cottbus das alte Sachsenrecht gelte, nach welchem das Repräsentations-Recht der Halbgeschwister nicht stattfinde, und weil die halbe Geburt stets um einen Grad zurücktrete, sie mit den Klägern in gleichem Grade der Erblasserin wären und gleich ihnen an der Erbschaft Theil nähmen. Der Tuchmachermeister Löschhorn hat jedoch in zweiter Instanz seine Erklärungen geändert, indem er antrug, daß die Verlassenschaft zwischen ihm und den Klägern zu gleichen Theilen vertheilt werde und in dritter hat er sogar Anspruch auf den Nachlaß mit Ausschluß aller übrigen gemacht. Die vorigen Erkenntnisse haben den Klägern und Wiederverklagten, als nächsten Erben, den Nachlaß der Wittwe Böttcher zugesprochen, und dagegen die Verklagten und Widerkläger mit ihren Ansprüchen auf diesen Nachlaß abgewiesen. Diese Entscheidung erscheint auch aus folgenden Gründen als gerechtfertigt.

In Cottbus galt allerdings vormals das in den Sachsenspiegel aufgenommene alte Sachsenrecht. Nach demselben succedirten nach drei auf einander folgenden Klassen zuerst die Deszendenten, dann die Aszendenten und zuletzt die Seitenverwandten. In der letzten Klasse bestand zuerst der Grundsatz: „Je näher dem Sippe, je näher dem Erbe," so daß die Kinder verstorbener Brüder oder Schwestern nicht, wie im Römischen Rechte, mit den noch lebenden Brüdern oder Schwestern in Einer Klasse zur Erbfolge berufen, sondern durch diese gänzlich verdrängt waren, und daß in der Seitenlinie nie nach Stämmen, sondern durchgehends nach Köpfen succebirt wurde, und dann bestand die Regel: „halbe Geburt tritt einen Grad weiter," so daß diese Regel abweichend vom Römischen Rechte, nicht blos den mit einem vollbürtigen Seitenverwandten in gleichem Grade stehenden halbbürtigen ausschloß, sondern auch den entfernteren Vollbürtigern berechtigte, mit dem um einen Grad nähern zu theilen.

Haubold, Lehrbuch des Sächsischen Rechts §. 309. u. 310.

Die Cottbusser Willkühr von 1409 enthält nur Bestimmungen für die Succession der Ehegatten. Ueber die Erbfolge der Blutsverwandten ist darin nichts enthalten, sondern sie weiset nur im Allgemeinen auf das Sachsenrecht oder Magdeburgsche Recht hin.

Späterhin fühlte man jedoch die Härte des alten Rechts, welche deshalb durch den Einfluß des Römischen Rechts gemildert wurde.

Weiske, Grundsätze des deutschen Privatrechts nach dem Sachsenspiegel pag. 60. und 61.

Eichhorn, Einleitung in das deutsche Privatrecht §. 333. und 334.

In der Joachimischen Constitution von 1527 wird, nachdem in der Einleitung gesagt war, daß sehr viele fremde Gewohnheiten dem geschriebenen gemeinen Rechte nicht gemäß und der Billigkeit entgegen sein — verordnet:

daß sowohl in absteigender gerader Linie das Repräsentationsrecht der Enkel in der Stelle ihrer Eltern, als auch in der Succession unter Seitenverwandten das Repräsentationsrecht der Bruderkinder mit den Brüdern von voller Geburt stattfinde, jedoch die letztern in der Stelle ihrer Eltern erbten.

In der Neumark beabsichtigte der Markgraf Johann den Gebrauch des Römischen Rechts einzuführen; deshalb heißt es im Landtags-Rezeß von 1539 (Milius, Corp. Const. March. VI. 1. pag. 55.):

Derowegen sind auch unsere Prälaten, Herren, Mannen und Städte aller Gebrauchen und Gewohnheiten voriger Gerichte und Rechte vorziehen und abgesagt. Ordnen und wollen wir, daß hinfürder in Erbtheilungen kein Herrgewett, Gerade und Mußtheil soll genommen und gegeben werden, besonders in dem und andern Kaiserrecht dergestalt, wie hievon in Unserer aufgerichteten Constitution und Ordnung geordnet, durch Jedermänniglich soll gehalten werden, — doch ausgenommen die Weichbilder Crossen, Cottbus, Sommerfeld und Zülch, die sich das Sächsische Recht, ohne die beiden Artikel, die Succession und Erbfälle anlangend, zu gebrauchen vorbehalten haben.

Die Frage, welches die beiden ausgenommenen Artikel in der Succession nach Sächsischem Rechte, bei dem es sonst in den genannten Weichbildern verbleiben sollte, seien? ist schon in einem früheren Rechtsstreite in Sachen der Majorin Struve wider die

Gebrüder Bone zur Sprache gekommen, und es wird in dem rechtskräftig gewordenen Urtel erster Instanz vom 21. April 1774 darüber gesagt:

In der Periode „ohne die beiden Artikel von der Succession und Erbfällen anlangend", bedeuteten die Worte Succession und Erbfälle in der That einerlei und sie könnten unmöglich zwei besondere Artikel genannt, vielmehr offenbar nur auf den in Artikel abgetheilten Sachsenspiegel und zwar auf den 5. und 17. Artikel des Sächsischen Landrechts, welches gerade die im Rezeß von 1535 nicht genannten beiden Artikel seien, bezogen werden, zumal das Wort belangend eine Bezugnahme auf damals allgemein bekannte Gesetze, und daß hier von andern Artikeln als von der Succession und Erbfällen selbst die Rede sein müsse, anzeige. Die natürlichste Auslegung dieser Worte sei also wohl diese, die Weichbilder Crossen, Cottbus, Sommerfeld und Züllichau sollen das Sachsenrecht beibehalten, nur in einigen Artikeln von der Succession und Erbfällen sollen sie sich des Kaiserrechts bedienen. Es wird nicht schwer sein — heißt es weiter — zu entdecken, was für Artikel in der Succession der Markgraf Johann von der Disposition des Kaiserrechts ausgenommen wissen wollte. Schon im Jahre 1521 hatte Kaiser Carl V. in einer zu Nürnberg publizirten Constitution

1. die Succession der Kindeskinder dergestalt festgesetzt, daß solche sich ohne Unterschied des juris repraesentationis bedienen sollten,
2. war eben dieses in Ansehung der Schwester- und Bruderkinder verordnet.

War nun in dem der Stadt Crossen vom gedachten Markgrafen im Jahre 1551 gegebenen Privilegio und Confirmation des juris Saxonici — Mylii C. C. M. VI. 1. . . 30. pag. 92. — zwar das Sachsenrecht bestätigt, in folgenden Worten: daß die Erholung der Rechte an keinem andern Orte, denn bei dem Schöppenstuhle in Leipzig geschehen und ohne allen gefährlichen Verzug männiglich gleich gerichtet und Recht gehalten werden solle — „doch ausgenommen die zwei Fälle, Kindeskind und „Schwester- und Bruderkind, bei denen soll es bleiben „bei Röm. Kaiserl. Majestät gesetzter und von des heil.

„Röm. Reichs Ständen bewilligter Constitution, wie auch
„unsers Herrn Vaters gemeine Landschaft der Mark Bran-
„denburg und zugehörigen Landen — dies sind die kurz vor-
„her von der Niederlausitz getrennten Herrschaften „Cottbus,
„Peitz, Sommerfeld, Beeskow und Storkow — publizirt
„und durch sie alle einträchtlich angenommen worden,
so ward durch diese Confirmation offenbar der Landtags-Rezeß
von 1539 declarirt und es ist nichts gewisser, als daß der Markgraf die beiden hier genannten Successionsfälle in der streitigen
Stelle verstanden und auf jene allgemein bekannte Constitution
von 1521 hingewiesen hat. Denn das Weichbild Crossen wird
in dem mehrgedachten Rezesse als ein solches, das sich den Gebrauch des Sächsischen Rechts vorbehalten, aufgeführt, und mithin können, da alle vier Weichbilder im Zweifel gleiches Recht
haben, nur die vorgemeldeten Successionsfälle einzig und allein
von den im Landtags-Rezesse vorbehaltenen Gebrauch des Sächsischen Rechts ausgeschlossen sein.

Hoffmann's Repertorium, Erste Fortsetzung pag. 59.

Dieser Gegenstand ist auch bei einer von der Neumärkischen
Regierung im Jahre 1793 veranlaßten Justiz-Visitation des Ma-
gistrats und Stadtgerichts zu Cottbus zur Sprache gekommen.
Die Mitglieder des Collegii zeigten damals an, das dortige gemeine Recht sei in Gemäßheit der cottbusser Willkühr von 1409
das alte Sachsen- oder Magdeburgsche Recht, und bemerkten,
unter Bezugnahme auf einen im dortigen Statutenbuche befindlichen Aufsatz ohne Datum und Unterschrift, Hinsichts der Erbfolge:

Sind keine Aszendenten vorhanden, so kommen die vollbürtigen
Brüder und Schwestern zur Succession und schließen die
Bruders- und Schwesterkinder aus, da das jus repraesen-
tationis in linea collaterali keine Statt findet.

Die Regierung nahm dies aber mit Bezug auf den Landtags-Rezeß des Markgrafen Johann von 1539 nicht als richtig
an, indem hiernach gegen das Sächsische Recht

künftig Enkelinnen ebenso wie Kinder ihre Großeltern beerben
und Geschwisterkinder mit Geschwistern zur Erbschaft verstattet
werden sollten.

Der Magistrat sollte daher Fälle angeben, wonach auf die

von ihm angegebene Weise succedirt worden. Dieser reichte darauf mehrere Erbrezesse ein, woraus sich aber ergab, daß dort allerdings Geschwisterkinder mit Geschwistern zur Concurrenz bei Erbfällen verstattet worden. Hiernach kann man als ausgemacht annehmen, daß bei der Succession der Seitenverwandten, sowohl wenn vollbürtige Geschwister mit Geschwisterkindern, als wenn Halbgeschwister mit Geschwisterkindern concurriren, im cottbusser Kreise, dem Grundsatz des Kaiserrechts, worunter das Römische Recht verstanden wird, gemäß, das Repräsentationsrecht stattfindet.

Es ist aber hierbei noch eine andere Vorschrift des Sachsenspiegels zu berücksichtigen, nämlich die, daß die halbe Geburt, b. i. die nicht vollbürtige Geburt, um einen Grad zurücktritt. Daß diese Vorschrift in den incorporirten Landen der Neumark gilt, ist an und für sich unzweifelhaft. Es entsteht aber die Frage: ob solche nur bei der Concurrenz von Halbgeschwistern mit vollbürtigen Geschwistern und Geschwisterkindern, oder auch bei der Concurrenz mit entfernteren Graden der Seitenverwandschaft anwendbar sei?

Die Rechtslehrer sind hierüber verschiedener Meinung.

Stryck, de succ. ab intest. Diss. III. cap. 3. §. 6. 7. 8.

Puffendorf, obs. jur. univ. Tom. III. obs. 193.

Berger, oeconom. jur. lib. II. tit. 4. thes. 39 not. 5.

Die zur Anwendung kommenden Stellen des Sachsenspiegels sind folgende:

Brüder und Schwestern erhalten ihres ungezweiten Bruders und Schwester Erbe vor den Brüdern und Schwestern, die gezweit von Vater oder von Mutter sind.

Ungezweite Bruderkinder sind auch gleich nahe dem gezweiten Bruder von dem Erbe zu nehmen.

Im vermehrten Sachsenspiegel, der jedoch keine Gesetzeskraft erhielt, steht dagegen lib. I. cap. 22. pr.:

Halbbruder und Halbschwester nehmen Erbtheil vor Bruderskindern und vor Schwesterkindern, die ungezweit sind.

Unter den neueren Lehrern des deutschen Rechts ist

Weiske a. a. O. §. 19. pag. 57.

der Meinung,

daß die halbe Geburt insoweit den vollbürtigen nachstehe, als erst nach Befriedigung dieser, jedoch ohne Vorziehung anderer entfernteren Verwandten, jene ihre Ansprüche geltend machen könne.
Auch
Eichhorn a. a. O. §. 333. not. c.
ist, indem er anführt,
daß aus der Successions-Ordnung des alten Rechts sich noch hie und da der Vorzug der vollen Geburt vor der halben, vermöge dessen die letztere gegen jene in allen Graden der Seitenverwandtschaft um einen Grad zurücktrete, erhalten habe,
der Meinung,
wenn man consequent sein wolle, so könne dies nur ohne den Vorzug der näheren Parentel oder nach dem neueren Sprachgebrauch der Linie aufzuheben verstanden werden, wonach alle diejenigen, die mit dem Verstorbenen einen näheren Stammvater gemein hätten, diejenigen ausschlössen, die erst durch einen entfernteren mit jenen verbunden wären.

Dies ist auch dem Magdeburgischen Rechte, welches durch die Willkühr von 1409 im Cottbusschen Kreise eingeführt ist, vollkommen gemäß. In einem Anhange zum Sachsenspiegel, Leipziger Ausgabe von 1545, finden sich drei Bücher-Urtheile der Schöffen zu Magdeburg und es wird dann Thl. I. cap. 7. distinct. 22. die Frage zur Entscheidung aufgestellt:

„Ein Kind hat gelassen seiner halben Schwester Kind und seiner Mutter Bruderkind, welches der nächste dazu ist."

Hierüber lautet das Urtheil dahin:

Ein Mann, ehelich geboren, stürb und seiner Schwester Kind, von Vater halben, und seiner Mutter Bruder Kind, von Vater und Mutter, jegliches zeugt sich zu des Mannes Gut der nähest zu sein. Ob nun der halben Schwester-Kind näher sei bem Erb oder der Mutterbruderkind,

Hierauf sprechen wir für Recht:

des tobten Mannes halbe Schwesterkind hat Recht zu dem Erbe und Gut und des todten Mutterbruderkind kann dazu nicht kommen.

Von Rechts Wegen.

Man muß also der Meinung beitreten, daß ungeachtet die halbe Geburt einen Grad zurücktritt, doch nach Magdeburgischem Rechte der Vorzug der nähern Linie im vorliegenden Falle entscheide, und selbst, wenn man dies nicht annehmen wollte, würden die Kläger vermöge des Repräsentationsrechts in die Stelle ihrer Mutter treten und also der Erblasserin jedenfalls um einen Grad näher, als die Verklagten verwandt sein.

Der Tuchmachermeister Löschhorn will in der Revisions-Deduktion deshalb Erbe des ganzen Nachlasses sein, weil die Aszententen vor den Collateralen zur Succession kämen, und er ein Aszendent der Erblasserin, nämlich ein Halbbruder der Mutter derselben sei. Dies widerlegt sich aber von selbst, da zu den Aszendenten nur die in gerader aufsteigender Linie verwandten Personen, die Vater- und Mutter-Brüder aber zur Seitenlinie gehören.

(L. S.)   gez. Sack.

No. 766.

4.

Im Namen des Königs!

In Sachen
1. des Büdners Mathes Kuba, gen. Kaschke, zu Döbbrick,
2. der Wittwe Balzer, Elisabeth geb. Kuba oder Natuschka zu Dissen,
3. des Kossäthen Georg Kuba, gen. Natuschka, ebendaselbst,
4. der verehelichten Büdner Noack, Marie geb. Kaschke oder Christoph, im Beistande ihres Ehemannes Büdners Hans Noack zu Döbbrick,
5. des Kossäthen Martin Kaschke, gen. Christoph, zu Dissen,

                       Kläger,

wider die Wittwe Drabow, Marie, geb. Kuba, eigentlich Porsch zu Willmersdorf,

                       Verklagte,

hat das Königliche Kreisgericht zu Cottbus, Erste Abtheilung, in

der Sitzung vom 21. Mai 1858, in welcher als Richter anwesend waren
> der Kreisgerichts-Direktor Hartmann,
> der Kreisrichter Mann,
> der Kreisgerichts-Rath Passow,

für Recht erkannt,
> daß die Kläger mit dem Antrage auf Verurtheilung der Verklagten, die Kläger als Miterben zu dem Nachlasse der verehelicht gewesenen Globbe, Elisabeth geb. Kuba zu Döbbrick, zu gleichen Theilen mit der Verklagten anzuerkennen, unter Verurtheilung in die Kosten des Prozesses abzuweisen.
> Von Rechts Wegen.

Gründe.

Die verehelicht gewesene Globbe, Elisabeth geb. Kuba, ist am 15. Februar 1857 zu Döbbrick, Cottbusser Kreises, kinderlos und ohne letztwillige Verfügung gestorben. Das Erbrecht ihres Wittwers ist nicht streitig, wohl aber das Erbrecht der als Erbprätendenten aufgetretenen Seitenverwandten. Von diesen ist die Verklagte, die den Klägern gar kein Erbrecht zugestehen will, eine Halbschwester des Vaters der Erblasserin, wogegen die im Eingange des Erkenntnisses ad 1. bis 3. genannten Kläger Kinder eines Bruders des Vaters der Erblasserin und die ad 4. und 5. genannten Kläger Kinder eines Bruders der Mutter der Erblasserin sind. Zwischen den Erbprätendenten und der Erblasserin steht keine Person mehr in der Mitte und die Kläger haben, indem sie sich mit der Verklagten zugleich zur Erbfolge berufen erachten, in ihrer am 23. Januar 1858 bei Gericht eingegangenen Klage den im Tenor gedachten Antrag gestellt. Für die Entscheidung des dadurch hervorgerufenen Rechtsstreites ist die s. g. Cottbusser Willkühr vom Tage Fabian Sebastian des Jahres 1409 maßgebend, da die Suspension der ersten drei Titel im zweiten Theile des allgemeinen Landrechts im Bereiche des alten Cottbusser Kreises, ungeachtet dieser in Folge des Tilsiter Friedens eine Zeitlang mit Sachsen vereinigt gewesen ist, noch besteht, und Döbbrick ein schon zum alten Cottbusser Kreise gehöriges Dorf ist. Die Cottbusser

Willkühr enthält nun aber, außer einigen für den vorliegenden Fall nicht zutreffenden Bestimmungen bezüglich des Erbrechts nur das Anerkenntniß, das das Sachsenrecht und speziell das Magdeburgische, in der Stadt und in dem Lande Cottbus Geltung haben solle, weshalb noch gegenwärtig auf die Vorschriften des Sachsenspiegels zurückzugehen ist. Schon in einem Erkenntnisse des Ober-Tribunals aus dem Jahre 1834 in Sachen Kittel wider Hartstein ist diese Ansicht zur Geltung gekommen, auch sonst nicht zweifelhaft geworden. Nach dem Rechte des Sachsenspiegels succediren nun in drei auf einander folgenden Klassen zuerst die Deszendenten, dann die Aszendenten und zuletzt die Seitenverwandten. Um die letztere Klasse handelt es sich hier. Der Sachsenspiegel enthält nun in Buch 1. art. 17. für alle Succession über die erste Generation hinaus nur den Satz:

„Wenn sich aber ein Erbe verschwestert oder verbrüdert, alle die sich gleich nahe zu der Sippe ziehen mögen, die nehmen gleichen Theil daran, es sei Mann oder Weib,"

also, wie die Glosse sagt, eine Bestimmung für den Fall, daß der Verstorbene keinen Bruder noch Schwester von voller oder halber Geburt nach sich gelassen hat. Es ist nun nach der obigen Quellenstelle und nach dem Zeugnisse bewährter Rechtslehrer außer Zweifel, daß in allen Parentelen das rein deutsche Princip der Grabesnähe „nächst Blut nächst Gut" zum Ausdruck kommt, und daß also die Verklagte, da sie zu der Erblasserin in derselben Parentel einen Grab näher steht, als die Kläger, den letztern vorgehen muß, sofern nicht durch anderweite Verhältnisse ein anderes Resultat erreicht werden sollte. Bezüglich der Vorzüge des Mannsstammes, die in näheren Parentelen Einfluß haben könnten, (unter den Klägern befinden sich Männer) ändert sich an dem obigen Grundsatze nichts, da die Quellenstelle selbst eine völlige Gleichheit beider Geschlechter anerkennt. Auch ein Repräsentationsrecht besteht für die Kläger nicht, da es nach der richtigen Ansicht, die auch in dem Urtel Kittel wider Hartstein festgehalten ist, nur für Geschwisterkinder bei deren Concurrenz mit Geschwistern des Erblassers gilt. Eichhorns deutsches Privatrecht §. 335. Stände das gedachte Recht den Klägern zur Seite, so würden sie allerdings zu der Erblasserin einen Grab näher zu stehen kommen, als sie

jetzt stehen, also eben so nahe zu der Erblasserin sein, als die
Verklagte es ist. Demgemäß konnte sich denn nur noch fragen,
ob nicht der Vorzug der vollen Geburt der Kläger den oben ausgesprochenen Grundsatz dergestalt modifizirt, daß die Kläger mit
der Verklagten zugleich zur Erbschaft berufen erachtet werden können. Beim Erbrecht der Geschwister besteht der gedachte Vorzug
ganz entschieden. Denn es heißt im Sachsenspiegel Buch 1.
Art. 3. §. 2.:

"In des Halsglied die Kinder, die ohne Zweyung von
Vater und Mutter geboren sind, das ist, so Geschwister
sind von voller Geburt. Ist aber einige Zweyung unter
ihnen, so mögen sie an einem Gliede nicht stehen, sondern
schreiten fort das in ein ander ferner Glied."

und in Buch 2. Art. 20.:

"Bruder und Schwester nehmen ihrer ungezweiten Brüder
und Schwestern Erbe von den Brüdern und Schwestern,
die mit ihnen gezweit sind von Vater und Mutter. Un-
gezweiter Bruder-Kinder sein auch gleich nahe den gezweiten
Brüdern an Erbe zu nehmen."

Gleichwohl hat die gewöhnliche Meinung diesen Vorzug der
vollen Geburt vor der halben auf alle weitern Parentelen bezogen,
jedoch meistens mit der Beschränkung, daß dadurch der Vorzug
der nähern Parentel nicht aufgehoben wird. Diese Beschränkung
ist namentlich auch in dem mehrgedachten Urtel Kittel wider Hartstein auf Grund eines Magdeburger Schöffenspruchs anerkannt,
welcher den Zobelschen Ausgaben des Sachsenspiegels Thl. 1.
cap. 7. dist. 22. beigedruckt ist und also lautet:

"Ein Kind hat gelassen einer halben Schwester Kind und
"seiner Mutter Bruder-Kind. Hierauf sprechen wir für
"Recht, des todten Mannes halbe Schwester-Kind hat Recht
"zu dem Erbe und Gut und des todten Mutterbruder-
"Kind kann dazu nicht kommen."

Im vorliegenden Falle greift indessen diese Entscheidung nicht
durch, weil die Kläger und die Verklagte nicht in verschiedenen,
sondern in einer und derselben Parentel stehen, die Verklagte aber
einen Grad näher als die Kläger. Hier handelt es sich also um
die Frage, ob in derselben Parentel der Vorzug der vollen Ge-

burt vor der halben sich nur durch Ausschließung des halbbürtigen Verwandten durch den vollbürtigen bei gleicher Grabesnähe äußert, oder ob er auch eine Concurrenz des entferntern Vollbürtigen mit dem einen Grad nähern halbbürtigen Verwandten bewirkt. Ueber diese Frage besteht ein Konflikt zwischen dem obersächsischen und niedersächsischen Recht. Unter den Rechtslehrern spricht sich hierüber am deutlichsten Westphal II. Abth. 77. aus, wo, wie Runde deutsches Privatrecht §. 685. allegirt, zu lesen ist:

„Zwischen Ober= und Nieder=Sachsen findet sich darin
„der Unterschied, daß in Obersachsen nicht nur der voll=
„bürtigen, welcher mit dem halbbürtigen Verwandten in
„gleichem Grabe steht, diesem allemal vorgeht, sondern
„auch, wenn er einen Grad entfernter ist als der halb=
„bürtige, mit diesem zugleich erbt; in Niedersachsen aber
„nur bei gleichem Grabe sich der Vorzug der vollen Ge=
„burt vor der halben zeigt, aber der entferntere voll=
„bürtige deshalb doch dem nähern halbbürtigen nicht als
„Miterbe an die Seite gesetzt wird."

Ebenso bemerkt auch v. Sydow in seinem Erbrecht des Sachsenspiegels S. 143 unter Bezugnahme auf Runde, Westphal und Mittermaier, daß der sehr alte Grundsatz, wonach zwar auch in den entferntern Parentelen aber nur unter Verwandten gleichen Grades die halbe Geburt zurücktrete, von den Magdeburger Schöffen redigirt sei und sich namentlich in Niedersachsen geltend gemacht habe.

Diese Ansicht wird denn auch durch eine Reihe von Schöffensprüchen zunächst dahin bestätigt, daß der Vorzug bei gleicher Grabesnähe gilt. In dieser Beziehung lautet in dem Anhange zu den Zobel'schen Ausgaben des Sachsenspiegels Thl. I. cap. 7. dist. XVI.

„Zu des todten Kindes Gut hat Recht sein Vetter, der
„seines Vaters Bruder war, von Vater und von Mutter,
„und des Kindes Vetter, der seines Vaters Bruder war
„einthalben geboren, mag dazu nicht kommen."

Ueber Fälle ungleicher Grabesnähe dagegen spricht sich aus: „dist. VIII. a. a. O. Ein Kind stirbt und läßt seinen

„halben Bruder und seiner ganzen Schwester Sohn. Hier-
„auf sprechen wir für Recht: Des todten Mannes halber
„Bruder und seiner ganzen Schwester Sohn sind gleich
„nahe das Erbe zu nehmen, nach Landrecht, — aber
„nach Magdeburgischen nimmt der halbe Bruder für
„volle Schwester Kind."

Sodann heißt es a. a. O. weiter dist. XVII.:
„Ein Kind läßt seines Vaters halben Bruder und seines
„Vaters ganzen Bruders-Kind. Hierauf sprechen wir für
„Recht: Des Kindes Gut soll fallen zur gleichen Thei-
„lung nach Landrecht, aber nach Magdeburgischen
„Recht fällt es auf des Vaters Bruder Kind."

Es leuchtet ein, daß das am Schlusse des Urtels befindliche Wort „Kind" nur durch ein Versehen hinzugefügt ist, da des Vaters Bruder Kind von dem Erblasser einen Grad weiter entfernt ist, als der Halbbruder des Vaters, und daher selbst nach Landrecht mit des Vaters Halbbruder zwar konkurriren, diesen aber unter keinen Umständen ausschließen kann. Der dist. XVII. gedachte Fall ist ganz derselbe, wie der jetzt zur Entscheidung vorliegende, und wenn in den beiden zuletzt allegirten Sprüchen der Gegensatz des magdeburgischen Rechts gegen das landrechtliche Recht (obersächsisches) klar hervortritt, wenn in andern Fällen, beispielsweise dist. XI. ausdrücklich blos nach Landrecht dahin entschieden ist, daß der Halbbruder und der ganze Schwestersohn gleich nahe zur Erbschaft berufen sind, so deutet dies ausreichend darauf hin, daß die Magdeburger Schöffen sich des Unterschiedes wohl bewußt gewesen sind, welchen der Vorzug der vollen Geburt vor der halben äußert, je nachdem obersächsisches oder niedersächsisches Recht zur Anwendung zu bringen. Man darf demgemäß auch auf Grund der obigen Zeugnisse der Doctrin und der Praxis für den Bereich der cottbusser Willkühr als einen durch das in selbiger recipirte Magdeburger Recht anerkannten Rechtssatz aufstellen,

> daß der halbbürtige Seitenverwandte zwar dem gleich nahen vollbürtigen Seitenverwandten nachsteht, daß er aber dem entferntern vollbürtigen vorgeht und letzterer also nicht einmal mit ihm zusammen erben kann.

Nach diesem Rechtssatze schließt also die Verklagte, welche als Halbschwester des Vaters der Erblasserin mit dieser im dritten Grade verwandt ist, die Kläger, welche als Vater= resp. Mutter=Bruder=Kinder nur im vierten Grade der Verwandtschaft zu der Erblasserin stehen, von jeder Theilnahme an der Erbschaft der verehelichten Globbe aus und es war demgemäß nach dem Antrage der Verklagten auf Abweisung der Kläger zu erkennen.

Der Kostenpunkt erledigt sich dabei aus §. 2. Tit. 23. Th. 1. der allgemeinen Gerichts=Ordnung.

gez. Hartmann. Mann. Passow.

Im Namen des Königs!

In Sachen
1. des Büdner Mathes Kuba genannt Kaschke zu Döbbrick,
2. der Wittwe Balzer, Elisabeth geborne Kuba genannt Natuschla in Dissen,
3. des Kossäthen Georg Kuba, genannt Naturschla daselbst,
4. der verehelichten Büdner Noack, Marie geb. Kaschke oder Christoph, im Beistande ihres Ehemannes, Büdner Hans Noack zu Döbbrick,
5. des Kossäthen Martin Kaschke, genannt Christoph, zu Dissen,

Kläger und Appellanten,

wider die Wittwe Drabow, Marie geborne Kuba, eigentlich Porsch, zu Willmersdorf,

Verklagte und Appellatin,

hat der Civil=Senat des Königlichen Appellationsgerichts zu Frankfurt a. d. O. in der Sitzung vom 3. November 1858, an welcher Theil genommen haben:

Dr. Scheller, Chef=Präsident,

Flessing, Schulz, Dr. Schmiedicke, Appellationsgerichts=Räthe,

von Puttkammer, Gerichts=Assessor,

für Recht erkannt:

daß die Förmlichkeiten der Appellation zwar für beobachtet anzunehmen, in der Sache selbst aber das Erkenntniß des

Königlichen Kreisgerichts zu Cottbus vom 21. Mai 1858 zu bestätigen und den Klägern auch die Kosten der zweiten Instanz aufzuerlegen.

Von Rechts Wegen.

Gründe.

Durch das Erkenntniß des Königlichen Kreisgerichts zu Cottbus vom 21. Mai 1858, auf dessen Sachdarstellung Bezug genommen wird, sind die Kläger mit ihrem Antrage,

„die Verklagte zu verurtheilen, die Kläger als Miterben zu dem Nachlaß der zu Döbbrick verstorbenen, verehelicht gewesenen Kossäth Globbe, Elisabeth geb. Kuba, zu gleichen Antheilen mit der Verklagten anzuerkennen,
unter Auferlegung der Prozeßkosten abgewiesen werden.

Gegen dieses Erkenntniß haben die Kläger appellirt. Sie verlangen wiederholt die Verurtheilung der Verklagten nach dem Klageantrage, indem sie außer ihren frühern, jetzt wieder vorgebrachten Anführungen noch auszuführen suchen, daß ihnen auch das Repräsentationsrecht zur Seite stehe und die Verklagte ihnen sogar rechtlich nachstehe.

Die Verklagte bestreitet die An- und Ausführungen der Kläger und bittet um Bestätigung des ersten Erkenntnisses.

Bei den Förmlichkeiten der Appellation fand sich nichts zu erinnern. In der Sache selbst aber mußte das erste Erkenntniß lediglich bestätigt werden.

Der den gegenwärtigen Prozeß veranlassende Erbschaftsfall hat sich in einem Dorfe des alten cottbusser Kreises ereignet. Das für die Entscheidung des unter den Parteien streitigen Erbrechts maaßgebende Gesetz ist daher die Cottbusser Willkühr von 1409. (Publ.-Pat. z. A. L.-R. §. III. und VII. Kunow, Prov.-R. der Neumark [Entwurf], Motive S. 116, 117.)

Dieses enthält jedoch nur in Bezug auf das Erbrecht der Ehegatten eigenthümliche Bestimmungen.

In Betreff des Erbrechts aller übrigen Verwandten verweist sie auf das Sachsen-, speziell auf das Magdeburgische Recht. Nach älterem Sachsenrecht succedirten nun die Seitenverwandten — denn um diese handelt es sich vorliegend nur —

nach der sogenannten Parentelordnung, d. h. es wurden diejenigen — Magen — zu Erben berufen, welche mit dem Erblasser unter dem nächsten gemeinschaftlichen Stammvater gestanden hatten, die nächste Parentel, nach neuerem Sprachgebrauch „Linie" genannt.

(Sachsensp. B. I. art. 17.)

Schon der Sachsenspiegel Buch 1. Art. 3. Nr. 3. sah indessen für die Succession in derselben Parentel die Nähe des Grabes als entscheidend an und seit dem allgemein gewordenen Gebrauche des Römischen Rechts kann es nicht bezweifelt werden, daß auch nach Sachsenrecht, insofern es sich nicht um Succession in Stammgütern handelte, für die Succession der entfernter als Geschwister und deren Kinder stehender Seitenverwandten die Nähe des Grabes allein entscheidend wurde.

Schmalz, deutsches Privatrecht S. 117. §. 237. Runde, §. 680. S. 692. Schaumburg, comp. juris digestorum editio tertia, lib. 38. Tit. VI. bis XVII. §. 19. Eichhorn, deutsche Staats- und Rechtsgeschichte §. 454. verbis „hingegen die Parentel=Ordnung überhaupt mußte der Berechnung der Nähe der Verwandtschaft nach Römischen Grundsätzen weichen." So nimmt auch v. Kunow, Entwurf §. 458. die Nähe des Grabes als entscheidend an.

Ein Repräsentationsrecht fand nach Sachsenrecht in der Seitenlinie überhaupt nicht statt.

(Sachsenspiegel B. I. art. 3. und 17. Mittermaier §. 435. Eichhorn, deutsches Privatrecht §. 335. Nr. III. Haubold, Sächs. Recht §. 309.)

Durch das spätere Kaiserrecht wurde zwar, wie in dem von dem ersten Richter angezogenen Urtel des Königl. Ober-Tribunals in Sachen Kittel contra Hartstein und in v. Kunow, Entwurf, Motive S. 117. seq. näher ausgeführt ist, auch für den cottbusser Kreis den Kindern verstorbener Geschwister des Erblassers ein Repräsentationsrecht eingeräumt, ein derartiges Sachverhältniß liegt aber hier nicht vor.

Somit fragt es sich denn allein noch, ob nicht, weil die Verklagte nur eine Halbschwester des Vaters der Erblasserin ist, die übrigen Geschwister desselben aber, sowie die Geschwister der

Mutter der Erblasserin mit jenen, resp. dieser vollbürtig verwandt waren, die Kläger als Kinder dieser vollbürtigen Geschwister der Verklagten vorgehen, allgemein ausgedrückt, ob nicht der Vorzug der vollen vor der halben Geburt, welcher für Geschwister und Geschwisterkinder nach dem Sachsenspiegel (Sachsensp. B. I. art. 3. §. 2., B. II. art. 20.) unbedingt galt, auch bei weitern Seitenverwandten stattfand und daher im cottbusser Kreise noch stattfindet.

v. Kunow hat in seinem Entwurf zum Provinzialrecht der Neumark §. 461., auf den Kläger sich stützend, ein solches Vorzugsrecht in der Seitenlinie in infinitum aufgenommen.

Das Königliche Ober-Tribunal will nach dem gedachten Urtel Kittel contra Hartstein aus dem Jahre 1834 mit Eichhorn §. 335. Note e. durch diesen Grundsatz den Vorzug der näheren vor der entfernteren Linie oder Parentel nicht beeinträchtigt wissen und der erste Richter nimmt mit Runde, deutsch. Privat-Recht §. 685., nur dann den Grundsatz als allgemein geltend an, wenn der vollbürtige dem halbbürtigen Seitenverwandten gleich nahe steht. Diese Worte des Sachsenspiegels sprechen aber dafür, daß die Vorschrift: die halbe Geburt tritt um einen Grad zurück, in der Seitenlinie nur für den Fall der Concurrenz zwischen Geschwistern und Geschwisterkindern gegeben war. Eine Ausdehnung dieser Vorschrift auf andere Seitenverwandte kann nur da für zulässig erachtet werden, wo besondere Statuten oder Observanzen dafür sprechen.

(Schmalz, deutsches Prov.-R. S. 124. §. 254. Walter, deutsch. Priv.-R. S. 458. §. 405. Beseler, deutsch. Priv.-R. B. 2. S. 495. Nr. 4. Mittermaier Abth. II. Bd. 5. §. 446.)

Von Seiten der Kläger ist aber der Nachweis solcher besonderen Statuten oder Observanzen für den Cottbusser Kreis nicht geführt, die Berufung auf v. Kunows Entwurf ist nicht entscheidend, da nicht nur die vom ersten Richter allegirten Magdeburger Schöffensprüche dagegen sprechen, sondern auch der von Kunow für seine Ansicht aus Stengel Bd. 7. Seite 232. citirte Rechtssatz des Königl. Geheimen Ober-Tribunals vom Jahre 1789 die zur näheren Beurtheilung erforderlichen thatsächlichen Verhältnisse nicht entnehmen läßt, in seiner unbeschränkten Ausdehnung auch diesen Rechtssatz von dem höchsten Gerichtshofe in der neueren Entscheibung aus dem Jahre 1834 nicht als aufrecht erhalten erscheint. In dieser letzteren Entscheidung und von Seiten Eichhorn sind aber für die Annahme, daß die Vorschrift des Sachsenspiegels über den Vorzug der vollen Geburt, auf alle Seitenverwandten auszudehnen sei, wenn die Linien gleich nahe stehen, besondere im Cottbusser Kreise geltende Statuten oder Observanzen nicht nachgewiesen. Auch die von Haubold S. 310. 349. confer. auch Mittermaier, bezeugte sächsische Praxis kann ein entscheidendes Moment nicht abgeben, da nicht erhellet, daß sie sich auch auf den Cottbusser Kreis erstreckt hat.

Hiernach aber und selbst in dem Falle, wenn die von Runde und dem ersten Richter aufgestellte Rechtsansicht richtig wäre, kommt es für den vorliegenden Fall auf einen Unterschied der vollen und halben Geburt nicht an.

Es gebührt der Verklagten, als der dem Grabe nach zu der Erblasserin nächsten Verwandten der Vorzug vor den Klägern, und der Klageantrag erscheint somit als ein unbegründeter.

Mit der Bestätigung des ersten Urtels rechtfertigt sich nach §. 6. Thl. I. Tit. 23. A. G. O. die Verurtheilung der Appellanten in die Kosten zweiter Instanz.

Urkundlich unter des Gerichts Siegel und Unterschrift ausgefertigt.

Königliches Appellationsgericht, Civil-Senat.
(L. S.)   gez. Scheller.
III. 7786.

5.

Kurzer Auszug

aus R. von Sydow Erbrecht nach den Grundsätzen des Sachsenspiegels.

§. 9.

Die Hauptgrundlage des Erbrechts ist Blutsverwandtschaft, d. h. Abstammung des Erblassers und der Erben entweder von einander, oder von einem britten gemeinschaftlichen Stammvater. Der Sachsenspiegel gebraucht dafür die Ausdrücke Sippe oder Magschaft. Der Busen wird von der Sippe oder Magschaft im engeren Sinne unterschieden. Unter dem Busen versteht der Sachsenspiegel, der natürlichen Bedeutung des Wortes gemäß, nur die Deszendenten des Erblassers. Zu bemerken ist, daß wir alle von Jemand abstammenden Personen, deffen Parentel nennen. Die Parentel des Erblassers oder erste Parentel umfaßt mithin die gesammte Deszendenz des Erblassers, die Parentel der Eltern oder zweite Parentel begreift alle Nachkommen beider Eltern des Erblassers in sich, wie die Parentel der Großeltern oder dritte Parentel alle von den beiden Großvätern und den beiden Großmüttern des Erblassers Abstammende bezeichnet.

§. 18.

Ich vermag kein anderes System der Erbfolge im Sachsenspiegel zu erkennen, als das gewöhnlich Lineal=Grabual=Folge genannte. Den Charakter der Lineal=Grabual=Folge hat J. L. Mayer (Germaniens Urverfassung) am kürzesten bezeichnet, wenn er sagt, daß in allen Successionsfällen der Seitenverwandten die Erbfolge eitel Deszendentenfolge, nicht Collateralfolge sei.

Die Erbfolgeordnung dieses Systems ist eine Parentel=Ordnung, d. h. die Verwandten succediren nach der Ordnung der Parentelen, indem zuerst die Parentel des Erblassers nach der Nähe des Grades, dann die Parentel der Eltern des Erblassers, in ihr zunächst die Eltern und dann ihre Deszendenten nach gleichem Princip, ferner ebenso die großelterlichen Parentelen u. s. w. berufen werden.

§. 24.

Sogleich nach den Aszendenten ersten Grades seferiren mehrere, L. L. Barb., den Brüdern und Schwestern mit Ausschluß der Großeltern die Erbschaft. Daß dies auch im Sachsenspiegel der Fall sei, erhellt unzweifelhaft aus I. 17. §. 1. (Q. 8.).

Stirft die Man ane Kind, sin Vater nimt sin Erve, ne hat her des Vaters nicht, iz nimt sin Muter mit mereren Recht, denn sin Bruder.

Doch nimt Sones unde Dochter Kind Erve vor Vater und Muter, vor Bruder unde vor Schwester.

Durch daz iz ne geit nicht uz deme Buseme, die wille evenbordige Busmen dar ist.

Bruder und Schwester sind hier unmittelbar nach Vater und Mutter auf solche Weise genannt, daß ich nicht begreifen kann, wie Heinnecius ihnen die Großältern vorzuziehen vermag. Schon die Glosse zum Sachsenspiegel (Zobel Fol. 56. und Fol. 58.) sagt, daß an dieser Stelle durch das (nachher folgende) Wort Busen nur die Deszendenten bezeichnet wurden. Demnach scheint auch das heutige Sächsische Recht, dessen Successions-Ordnung doch im Ganzen der Sachsenspiegel I. 17. und I. 3. zu Grunde liegen soll, das Vorrecht der Großältern und ferneren Aszendenten vor den Geschwistern auf falsche Interpretation dieses Paragraphen zu begründen.